Anne E Dünzelmann

Krumme und gerade Wege
Pilgern alternativ

Robert Dünzelmann

Bibliographische Information der Deutschen Nationalbibliothek
Die Deutsche Nationalbibliothek verzeichnet diese Publikation in der
Deutschen Nationalbiographie; detaillierte bibliographische Daten
sind im Internet über http://dnb.ddb.de abrufbar.

© 2017
Anne E Dünzelmann
Herstellung und Verlag – BoD - Books on Demand, Norderstedt
ISBN 9783743111622
Umschlaggestaltung + Fotomontage: Bernd Lübbers

Inhalt

Prolog _____ **8**

Kleine Pilgerkunde _____ **11**

»Gott befohlen« _____ **20**
Entlang der Bonifatius-Route von Mainz nach Fulda

Auf nach Wilsnack! _____ **30**
Durch die Heide und das Wendland über die Elbe

Quer durchs Land _____ **37**
Kloster Loccum • Kloster Mor Jakob Warburg • Elisabeth-Schrein Marburg • Abtei Münsterschwarzach • St. Jakobus-Kirche Hohenberg • Cursillo-Haus St. Jakobus Oberdischingen

Eifel – Wege _____ **55**
Gerhard-Richter im Kölner Dom • Das alte Tolbiacum: Zülpich • Bruder Klaus-Kapelle Wachendorf • Kloster Maria Laach

Winterliche Pilgertage   69

Stille Tage in Damme: *Priorat St. Benedikt*   *71*
Zum »Nordischen Rom«:
Magdeburg • Halberstadt • Ilsenburg • Goslar   *81*

Multireligiös unterwegs   92

Koptisch-orthodoxes Kloster Brenkhausen • Jüdische Synagoge Göttingen • Christliche Brüdergemeinde Fulda • Sri Sitti Vinayagar Tempel Stuttgart • HAP Grieshaber Reutlingen • Baha'i-Tempel Hofheim/Taunus • Ditib-Moschee Duisburg-Marxloh

Angekommen!   113

Egeln • Quedlinburg • Kloster Helfta Eisleben • Naumburg • Erfurt

Was bleibt   127

Er›fahrene‹ Erkenntnisse

Epilog   133

Was gilt noch?

Quellen   136

Prolog

PILGERN IST ›IN‹

auf bekannten und weniger bekannten Jakobswegen und anderen Pilgerrouten. Was bewegt Pilgernde: Religiosität, Sinnsuche, entschleunigtes Unterwegssein und anderes mehr? Das muss Jede/Jeder für sich entscheiden und ist Ausdruck der Vielfalt persönlicher Pilgerschaft.

Was trieb mich, auf Pilgerfahrt zu gehen, mich Unbekanntem auszuliefern, physische und psychische Anstrengungen zu absorbieren? Nachdem ich über Jahrzehnte nicht mehr ›on the road‹ unterwegs war, das Leben in geordneteren Bahnen verlief, ich mich der wissenschaftlichen Arbeit widmen, den Sohn in die ›Wildnis des Lebens‹ entlassen konnte, fand ich es an der Zeit, wieder in Be›weg‹ung, zu sein, die darin immanente Freiheit zu spüren. Doch ging und gehe ich meinem neu erwachten Wandertrieb nicht sinnentleert nach, sehe mein Pilgern als ›gezähmtes‹ Unterwegssein. Dass ich diesem Verlangen lange, zu lange nicht nachgehen konnte, empfinde ich keineswegs als Defizit in meinem Lebensentwurf. Andere wertvolle Erfahrungen wirkten in der Zwischenzeit auf mich ein und bereicherten mich.

Weiter motivierte mich die Sehnsucht, Spiritualität und Bewegung miteinander zu verbinden, darin aufzugehen ohne mich zu verlieren. (Wie z. B. von Robert Musil in *Mann ohne Eigenschaften* beschrieben.) Dann will ich herauskommen aus Zwängen der Angepasstheit, hin zum Eigentlichen. Gefolgt von Fragen nach den damit zusammenhängenden Veränderungsprozessen und überhaupt: Was für Erkenntnisse gewinne ich durch das Pilgern? Eine weitere, wesentliche Entscheidung hängt mit meinem Leben selbst zusammen: In einem restitutiven Sinne soll es um die zu erlaufende Bewältigung bestimmter, im autobiografischen Gedächtnis verhafteter Geschehnisse gehen: Um die Versöhnung mit mir selbst und meiner Schuld. Auch will ich mir etwas abverlangen und zumuten, die Grenzen meiner Belastbarkeit erkunden, neue Aufbrüche wagen. Nicht zuletzt wegkommen von der fast alles bestimmenden Beschleunigung. Meine eigene Geschichte erneut wahrnehmen. Vor allem aber nicht zu viel erwarten und planen. Was kommt annehmen. Das alles waren jedenfalls die mir bewussten Intentionen. Erst später sollte sich herausstellen, dass ein nahezu völlig verdrängtes, viele Jahre zurückliegendes und belastendes Ereignis mich (unbewusst) antrieb.

Welche Wege boten sich an: die herkömmlichen, die weniger bekannten oder ganz eigene, wie z. B. von Kloster zu Kloster oder einzelne Abschnitte verschiedener Jakobswege. Wie viele Kilometer könnte ich täglich laufen, 20 oder 15 und in welchem Zeitfenster? Als ›Lebenskünstlerin‹ und ehemalige Pfadfinderin fiel es mir nicht schwer, eine Grundregel – »so wenig Gepäck wie möglich, so viel wie nötig« – zu beachten. Vorläufig wollte ich die einzelnen Pilgertouren auf nicht zu viele Tage ausdehnen, zwischendurch auch öffentliche Verkehrsmittel nutzen, gelegentlich trampen. Der Weg an sich mit einem festen Ziel, die persönliche Intention und das Maß der eigenen Körperkräfte sind letztlich entscheidende Momente beim Pilgern.

Andere sich einem stellende Fragen können nur durch das Pilgern selbst beantwortet werden: Was passiert beim Laufen, Gehen oder Wandern mit dem eigenen Ich. Ist man achtsam genug. Wie reagieren die Sinne. Bewegt man sich irgendwann fatalistisch im Trott weiter oder geht bewusst Schritt für Schritt. Welche meditativen Elemente nimmt man auf. Wie wird die Umwelt mit ihren wechselnden Landschaften aufgenommen. Werden Unannehmlichkeiten wie Regen, Irrwege, Fehlentscheidungen als zugehörig zum Pilgern absorbiert. Wird man unterwegs von Gott, dem Göttlichen, der »allumfassenden Weisheit« (Hildegard von Bingen) berührt. Oder muss ich diese Kraft suchen. Ist sie nicht fortwährend um einen und begleitet alle Wege? Tatsächlich ist die Suche nach in Gott manifestierter Harmonie ein wichtiges Moment. Kann ich zudem an die in jüngeren Jahren gemachte Erfahrung der Befreiung von bestimmten Zwängen, des Loslassens anknüpfen? Mich also wieder mehr dem Sein zuwenden, das Haben war doch eigentlich nie mein ›Ding‹.

Ursprünglich plante ich nur ein bis drei Pilgerreisen vom Frühjahr bis zum Herbst. Tatsächlich durchwanderte ich dann den Rhythmus der Jahreszeiten: Frühling–Sommer–Herbst–Winter und erneut Frühling–Sommer– Herbst. Und jede Fahrt brachte mir anders gelagerte Erkenntnisse. So führte mich mein erster mehrtägiger Pilgerweg den Bonifatius-Weg entlang von Frankfurt nach Fulda. Gleichzeitig sollte diese Wanderung zur Vorbereitung weiterer Pilgerfahrten dienen und besaß daher eine Art Pilotfunktion. Dagegen eignete sich der Weg von Bremen zum früheren Gnadenort Wilsnack an der Elbe gut als Kurztour. Die dann folgende Pilgerreise, quer durch Deutschland, war intensiver zu planen und vorzubereiten. Meine herbstliche

Wanderung durch die nördliche Eifel über Zülpich nach Wachendorf und weiter nach Maria Laach beschränkte sich ebenfalls auf wenige Tage. Die für den Winter geplanten Pilgertage führten mich über Weihnachten in das Priorat St. Benedikt in Damme und im März auf den Jakobsweg von Magdeburg nach Goslar. Im Frühsommer dann war ich multireligiös unterwegs und suchte unterschiedliche spirituelle Räume auf. Im Herbst beendete eine Reise von Egeln nach Erfurt diesen meinen Pilgerkreis.

Die von mir beschriebenen Pilgerfahrten stellen eine Art Gegenentwurf dar. Damit soll auch denen Mut zum Pilgern gemacht werden, die sich lange Touren nicht zutrauen, meinen, es nicht zu schaffen: das Alleinsein unterwegs, die Konfrontation mit sich selbst, überhaupt Aufbrüche scheuen. Nur Mut! Auch kurze Pilgerreisen haben es in sich. Es gilt sich zu befreien von der Vorstellung, nur der lange Weg, vor allem der nach Santiago de Compostela, hätte einen Wert. Tatsächlich vermitteln die kleinen Wege und Schritte genauso das, was Pilgern ausmacht: tiefinnere Freude, Harmonie, Erkenntnisse und manchmal schmerzende Traurigkeit.

Alle Routen habe ich so ausgewählt, dass sie teilweise entlang bekannter Pilgerwege und öffentlicher Verkehrsnetze verlaufen. Auf Pilgerausweis und irgendwelche Stempel verzichte ich grundsätzlich. Sind diese doch ein Relikt aus der frühen Neuzeit mit der obrigkeitlich verordneten Praxis der Ausweispflicht und der darin implizierten Disziplinierung. Trotz der Reduktion auf einzelne Abschnitte ist, denke ich, ein persönliches und lebendiges Mosaik entstanden.

Kleine Pilgerkunde

Wenn der Aprilmond sanften Regen bringt,
Der Märzendürre an die Wurzel dringt,
Und jede Ader mit solch Säften schwellt,
Dass diese Kraft erzeugt die Blumenwelt
Wenn Zephyr auch mit seinem süßen Hauch,
Die zarten Trieb' in Heide, Wald und Strauch
erweckt hat und der jungen Sonne Brand
Des Widders Hälfte hat durchrannt;
Wenn Lust'ge Melofie das Vöglein macht,
Das offnen Auges schläft die ganze Nacht
– So stachelt die Natur es in der Brust –
Dann treibt das Volk die Wallfahrtslust
Und Pilger, fortzuziehn zu fremdenmStrande,
Zu fernen Heil'gen, kund in manchem Lande.

Chaucer, Canterbury Tales

Im frühen Mittelalter

standen besonders Pilgernde unter kirchlicher Obhut – gemäß dem Diktum Karls des Großen, Gastfreundschaft zu Ehren Gottes und um des eigenen Seelenheils willen zu üben. Das entspricht auch den ur12christlichen Glaubensinhalten. Etymologisch sind *peregrines* Wanderer, aber auch Fremde, kirchenlateinisch ist *pelegrinus* der, welcher nach Rom wandert. Aber auch Kreuzfahrer und herumziehende und teilweise marodierende Gruppen wurden als solche bezeichnet. Vom frühen Mittelalter an waren Pilgerfahrer integraler Bestandteil der Gesellschaft, wie überhaupt Mobilität allgegenwärtig war. Das zeigte sich u. a. darin, dass Massenwallfahrten häufig spontan entstanden, so bald es Nachrichten von einer Gnadensensation gab und zum »großen lauffen« führte. Im Bereich der Legende liegt der Gebrauch der Jakobsmuschel als Pilgerzeichen. So soll z. B. deren Schale den Kreuzzugpilgern als Trinkgefäss gedient haben. Während der Pilgerhut in Muschelform ganz konkret die gleiche Funktion erfüllte. Und von der Symbolik her können die einzelnen Muschelrippen als Wege hin zu einem Ziel interpretiert werden.

Was aber trieb die Menschen besonders im Frühjahr auf eine lange, entbehrungsreiche Pilgerfahrt? Einerseits war das alltägliche Leben von starker Religiosität durchdrungen und bot genügend Anlässe. Sei es als Sühneleistung, zur Krankenheilung, zur Erfüllung eines Gelübdes, zur Bewältigung eines persönlichen Problems, ebenso als kirchliche Buße und als weltliche Strafe. So wurden Aachen- oder Romfahrten per Gerichtsurteil oder in Sühneverträgen verordnet. Andererseits ist das Pilgertum in Zeiten mentaler und ökonomischer Unsicherheiten als stabilisierender Faktor zu sehen, als Flucht vor Armut und Verelendung. Zudem befriedigte das Pilgern nicht nur die Abenteuerlust, es stärkte ebenfalls und ganz utilitaristisch die Wirtschaftskraft. Nicht nur dann, wenn Pilger und Händler auf gemeinsamen Fahrten unterwegs waren. Und mit der Pilgerschaft wurde Religiosität er›fahrbar‹ gemacht.

Letztlich wirkte sich die zunehmende infrastrukturelle Verdichtung im Mittelalter nicht nur positiv auf das Wirtschaftswachstum aus, auch das Pilger- und Wallfahrtswesen entwickelte sich zu Veranstaltungen der Kommunikation und gesellschaftlicher Ereignisse. Es entstand ein übernationales Wir-Gefühl ohne Unterschiede von Sprache, Herkunft und sozialem Status. So stellt *Chaucer* eine bunte Pilgerschar vor, die bereit war

> *zu ziehn zur Pilgerfahrt dahin*
> *nach Canterbury mit frommem Sinn.*

Neben einem Ritter, zwei Nonnen und zwei Mönchen, einem Kaufmann, einem Scholar, einem Rechtsanwalt und einem Gutsherrn werden einige Handwerker als Teilnehmende und Erzählende genannt.

Eine Voraussetzung der Mobilität war die religiös und gesellschaftlich fundierte Hospitalität: Alle Pilger bzw. Gäste sollten »wie Christus aufgenommen werden«, waren sie doch Teil des mittelalterlichen Systems und der Societas Christiana. Das bedeutet, die Grundversorgung erfolgte während der Pilgerschaft über das Almosen als reziprok wirksame Gabe. Es war Bestandteil der damaligen Wohltätigkeit und basierte auf dem Prinzip der Gegenseitigkeit: In Übereinstimmung mit dem religiösen Weltbild erhielt die Almosen-Gabe Bedeutung als Heilserwartung für die Gebenden. Gleichzeitig schuf sie ein Moment der Egalität zwischen Gebenden und Nehmenden, was eine Marginalisierung gerade armer Pilger verhinderte, die mit ihren Gebeten für die Almosengeber eine Gegenleistung erbrachten.

Europaweit waren Herbergswesen und Wohltätigkeit auf einem gleichen Niveau anzutreffen und an kirchliches Wirken gebunden. Die kollektive Almosenverteilung blieb das gesamte Mittelalter hindurch eine Massenerscheinung, besonders seitens der Klöster. Davon profitierten neben Pilgern auch Verelendete und Arme, wobei beide Gruppen sich vermischten, die Übergänge oft fließend waren und im Kontext zur Zunahme Pauperisierter standen. Im 12. und 13. Jahrhundert nahm die individuelle Wohltätigkeit deutlich zu, was im Zusammenhang mit der Herausbildung vermögender bürgerlicher Eliten steht. Dieser Konsens, Wohltätigkeit gegen religiöse Leistung sowie die breite Akzeptanz herumziehender Pilger, trug zur Stabilisierung der mittelalterlichen Gesellschaft bei. Ebenso verbreiteten sich mit den Pilgernden und anderen Fahrenden Neuigkeiten, wurden Orte, Regionen und Länder in einem Kommunikationsnetz miteinander verbunden. Auch veränderten sich die Routen bzw. wurden günstigere Verbindungen genutzt. So befanden sich ursprünglich viele Wege in höheren Lagen, doch analog zur Gründung von Städten und Ansiedlungen in Flusstälern folgten diese den aktuellen Gegebenheiten.

Mit der infrastrukturellen Verdichtung im Mittelalter konnte ein komplexes Wegenetz von Klöstern, Pilgerherbergen und anderen Versorgungseinrichtungen entstehen. Pilgernde nutzten nicht nur das Straßennetz, ebenso wichtig waren Wasserwege,

Fähren und Furten. Exemplarisch für die symbiotische Nutzung von Handels- und Pilgerwegen steht der Hellweg, eine alte Salzstraße und vielleicht schon in vorrömischer Zeit entstandene Verbindung von der Ruhrmündung bis zur Weserquerung bei Höxter. Heute noch verläuft die Trasse des Hellwegs quer durch Westfalen über Paderborn und Dortmund, hier z. B. als belebter innerstädtischer Westen- und Ostenhellweg. Auch in anderen Städten des Ruhrgebiets weist der häufig auftauchende Straßenname Hellweg auf seine ursprüngliche Bedeutung hin, so in Duisburg und Bochum.

In Höxter traf der Hellweg einmal auf den von Süden kommenden und bis nach Minden gehenden Handelsweg, von dort ging es per Schiff oder auf dem Landweg weiter nach Bremen. Zum andern führte seine Verlängerung über Goslar am Nordharz entlang bis nach Magdeburg und weiter nach Königsberg. In Magdeburg kreuzte der Weg die alte, von Kiew durch die Karpaten und Böhmen kommende und bis nach Haithabu an der Schlei gehende Handelsstraße, die als ein Ausläufer der Seidenstraße gilt. Ein ebenso prägnantes Beispiel ist die Via Regia, eine der wichtigsten Verbindungen quer durch Europa. Ihre Route, ebenfalls eine Verlängerung der Seidenstraße, verlief einmal über Krakau, Breslau, Leipzig, Erfurt, Fulda nach Frankfurt und Mainz. Weitere Zweige gingen in Richtung Köln bis nach Antwerpen sowie über Prag und Regensburg bis nach Spanien. Dieser Abschnitt war besonders für den Sklavenhandel wichtig.

Darüber hinaus besaßen viele Städte und Marktorte als Transiträume für Reisende exemplarische Bedeutung, wie z. B. Bremen. Hier kreuzten sich Pilgerwege in nord-südlicher und west-östlicher Richtung. Von Skandinavien verlief die von Frederikshavn kommende Via Jutlandia/ Jutlandica über Aalborg, Viborg, Schleswig, Glückstadt und Stade bis nach Harsefeld, teilweise um dort auf die aus dem Baltikum über Danzig, Greifswald, Rostock, Wismar, Lübeck und Wedel führende Via Baltica zu treffen. Als Teilstrecke des Baltisch-Westfälischen Jakobsweges ging es weiter über Zeven und Lilienthal zunächst nach Bremen.

Von hier aus gab es mehrere Möglichkeiten, nach Aachen, Köln, Santiago de Compostela und Rom zu pilgern: auf dem Seeweg mit Handelsschiffen; über Kloster Heiligenrode, Wildeshausen, Osnabrück, Münster und Dortmund; mit Weserkähnen den Fluss aufwärts bzw. auf dem Landweg über Bassum und Sulingen nach Minden. Von dort weiter über Paderborn, Dortmund und Wuppertal nach Köln. Von West nach Ost (in Richtung Wilsnack an der Elbe) nutzten Pilger die ›Flämische

Straße‹, die von Antwerpen kommend über Nordhorn, Lingen, Cloppenburg und Bremen nach Skandinavien führte, parallel zur Via Jutlandia. Unterwegs waren der Marien-Wallfahrtsort Bethen und Wildeshausen mit Reliquien des hl. Alexander wichtige Gnadenorte. Die Bedeutung Bremens als gut besuchtem Pilgertransit beweisen die in der Weser nahe der St. Martini-Kirche und dem angrenzenden Hafen gefundenen Pilgerzeichen sowie einige Jakobsfiguren.

Noch Anfang des 14. Jahrhunderts lag die Beherbergung der Pilger in kirchlicher Verantwortung, und zwar in von Klöstern eingerichteten Häusern und in Herbergen, den Hospitalen (*hospitale peregrinorum*). Nach dem Konzil von Vienne 1311/12 sollten die Spitäler bzw. Gasthäuser von »tüchtigen und umsichtigen Männern von gutem Rufe« verwaltet werden. In Bremen z. B. wurde 1366 nahe der Weser und der Martinikirche ein neues Hospital für arme Pilger (*novum hospitale pro pauribus peregrinis*) gebaut, das »Gasthus by sunte Martene« (Patron der Kaufleute), später St. Gertruden-Gasthaus genannt nach der Patronin der Reisenden. Darin sollten Pilger für eine Nacht gastlich aufgenommen und mit einem Weizenbrot und einem Trunk Bier versorgt werden. Der Platz für dieses Gasthaus war gut gewählt: Es befand sich in Hafennähe, wo neben der Verschiffung von Waren auch die von Reisenden seewärts oder die Weser aufwärts erfolgte. Zudem waren die wichtigen Verbindungsstraßen gut zu erreichen.

Besonders im 15. Jahrhundert entwickelte sich das Pilger- und Wallfahrtswesen zu einer breiten Bewegung, wurden bestimmte Zielorte zu Massentreffpunkten. Erheblichen Zulauf erhielten Gnadenziele mit so genannten Heilig-Blut-Wundern wie Walldürn und Wilsnack. Zu diesen Gnadenstätten pilgerten vor allem Angehörige der unteren Schichten. Hingegen lässt sich aus den Quellen für die Oberschicht ein Rückgang in der Pilger- und Wallfahrtsbegeisterung feststellen. Das steht in Relation zum Umbruch von einer agrarfeudalistischen Gesellschaft hin zu einer ständisch orientierten. Da das bisherige Netz der Armenfürsorge die Versorgung der zunehmenden Menge Pauperisierter kaum noch gewährleisten konnte, bot das Pilgern Vielen eine Möglichkeit des Überlebens, wie aus diesem Vers hervorgeht:

> *Wir Jacobsbrüder mit grossem hauffen*
> *Im Land sind hin und her gelauffen.*
> *Von Sanct Jacob / Ach und gen Rom*
> *Singen und bettlen ohne schom.*

> *Gleich anderen presthafften armen.*
> *Offt thut uns der Bettel Stab erwarmen*
> *In Händen. alsdenn wir es treibn*
> *Unser lebtag faul Bettler bleibn.*

Jost Amman, Die Jakobsbrüder

Tatsächlich zog diese Praxis des Überlebens nach zeitgenössischen Aussagen immer wieder »schlimmes Gesindel« an, dem kirchliche und weltliche Institutionen zu begegnen suchten.

Während der Reformation und danach veränderte sich das Pilgertum nicht nur durch die zunehmende obrigkeitliche Disziplinierung. Vor allem wurde dem Aberglauben der Kampf angesagt. Besonders Martin Luther kritisierte das Pilger- und Wallfahrtswesen und ging damit über die Ziele der Reformation hinaus. Mit ihrem Utilitarismus stand die ›Neue Lehre‹ im Widerspruch zur bisherigen Praxis des Almosengebens und prägte im Protestantismus für Jahrhunderte dessen ablehnende Haltung. Das führte in der Folge zu einem Paradigmenwechsel und zum Verlust der Mobilität. Die Pilgerspitäler wurden geschlossen oder einer anderen Bestimmung zugeführt. Das Bürgertum verschloss den Bettelmönchen und »den beständig durchwandernden Pilgrimmen ihre bisherige milde Hand«, wie für Bremen festgehalten. Ab jetzt wurden Pilger kontrolliert, wurden Erlaubnisscheine der jeweiligen Obrigkeit verlangt, wurde das Almosenheischen verboten. Damit sollte betrügerisches Pilgern von Bettlern und anderen Landfahrern unterbunden werden. Statt Spontaneität bestimmte planendes Handeln die Wallfahrten. Das bedeutet auch, Religiosität wurde nicht mehr er›fahren‹. Mit den organisierten Pilger- und Wallfahrten kam es ebenfalls zu einer gesellschaftlichen Umschichtung unter den Teilnehmenden. Nunmehr konnten die von der Armenfürsorge Abhängigen sich nicht mehr den Pilgernden anschließen, um ihren Lebensunterhalt durch das Heischen von Almosen zu sichern.

   Als Papst Sixtus V. Ende des 16. Jahrhunderts daranging, Rom stadtplanerisch umzugestalten, lag seiner Idee die Verknüpfung der sieben Pilgerkirchen zugrunde. Sie sollten, wie Richard Sennett in seinem Buch *Civitas* ausführt, durch gerade Straßen und damit durch Blickachsen verbunden werden. Diesen Blickachsen sollten die Pilger auf ihrem Weg folgen, benötigten aber zu ihrer Wahrnehmung Fluchtpunkte in Form von freistehenden Skulpturen. So konnte der Blick der Pilgernden sich von einer Weihestätte zur nächsten bewegen, ohne abgelenkt zu werden.

Damit machte Sixtus deutlich, wie man zu den Kirchen gelangte und nicht, wo sie lagen. Insofern ist der Weg zu einer Weihe- oder Gnadenstätte selbst bzw. seine Wahrnehmung von primärer Bedeutung.

Im übertragenen Sinne steht die Pilgerschaft oft als Metapher für den Lebenslauf. Der Weg selbst ist das Ziel und wird individuell oder kollektiv bestimmt, Entscheidungen sind zu treffen, Gefahrensituationen müssen bewältigt werden. Dementsprechend wurde in einem Pilgerlied gesungen:

Wer haben will vil übler zeyt
Der zieh mit uns ins land so weit.

Doch waren nicht nur die einfachen Pilgernden oft in ihrer Existenz bedroht, auch Vermögende mussten Entbehrungen auf sich nehmen, wurden zu Opfern von Überfällen. Konkret war Pilgern ein temporär begrenztes Landfahren bei starker gesundheitlicher Gefährdung. Neben der dem Pilgertum innewohnenden Askese sprechen viele Quellen von Sensationslust als Hauptmotiv, aber auch von nicht erwünschter sexueller Freizügigkeit. Davor warnte bereits Bonifatius 744, und im 15. Jahrhundert wird über die Syphilis als Mitbringsel von Santiago-Pilgern berichtet. Kann aber das Pilgern im Mittelalter als touristisches Erlebnis bewertet werden? Wohl kaum, auch wenn der Vertrieb von Pilgerzeichen als Massenartikel Parallelen liefert – dafür waren die Entbehrungen zu groß.

Aktuell liegt das Pilgern voll im Trend, wird aber auch zunehmend vom Tourismus bedient und instrumentalisiert. Geht das zu Lasten religiös-spiritueller Erfahrungen? Kommt es zu einer Polarisierung von Sinnsuche versus touristischer Vermarktung, findet gar eine Ökonomisierung des Pilgerns statt? Mutiert dann nicht Spiritualität zu einer ökonomisch-esoterischen Nische, die vor allem konsumiert wird? Zumal wenn spezifische Daten nur über Tourismusbüros zu erhalten, Pilgerherbergen nicht oder selten vorhanden sind. Zudem benötigen moderne Pilgernde in der Regel eine ausreichende finanzielle Grundlage, selbst bei stark minimalisierten Ansprüchen. Wer möchte schon unterwegs vom Betteln leben?

      Neu ausgewiesene oder reaktivierte Pilgerwege sollen nicht nur ökonomischen Nutzen bringen, auch die Befriedigung nostalgischer Sehnsüchte ist angesagt. Kann da noch genügend Raum für Kontemplation sein? Für die enge Verbindung touristischer, spiritueller oder eher esoterischer Bedürfnisse mag auch der Slogan *Wandern sie noch – oder pilgern Sie schon* in einer Werbebroschüre stehen.

Ebenso betrifft es Hinweise und Links auf Segmente wie Wellness, Kulinarisches usw., was mehr für ein eventmäßiges, dem Zeitgeist angepasstes ›Pilgern‹ spricht.

Viele historische Pilgerwege werden inzwischen rekonstruiert bzw. neu konstruiert, obwohl die Quellenlage nicht immer eindeutig ist. Das resultiert aus dem Selbstverständnis der mittelalterlichen Gesellschaft: Pilgern war ein integraler und anerkannter Bestandteil der Gesellschaft und keine außerordentlich bewertete und besonders festzuhaltende Bewegung. Zumal Handel, Pilgertum und Reisen sich ergänzten und gemeinsam die vorhandene Infrastruktur nutzten. Im Gegensatz zu den früher oft entlang der großen Handelsstraßen laufenden Pilger, achten die heutigen zwar einerseits auf Authentizität, möchten andererseits aber abseits der lärmenden verkehrsreichen Straßen wandern. So führen viele der neu ausgearbeiteten Routen auf abgelegenen Feld- und Waldwegen, Radwanderwegen oder kleinen Nebenstraßen zum Ziel. Tatsächlich passten sich die Pilgerwege immer auch den infrastrukturellen und geografischen Veränderungen an.

Da die Revitalisierung des Pilgerwesens mitsamt der historischen Wege auch wirtschaftlich interessant ist, sind Tourismus, Gastronomie und Kultureinrichtungen oft als Mitinitiatoren vertreten. So kann der Eindruck entstehen, dass manch wieder entdeckter Pilgerort als solcher inszeniert wird und damit das Pilgern selbst. Leistet das nicht einer Profanisierung Vorschub? Auf das wieder erwachte Interesse am Pilgern reagierte 1987 auch der Europäische Rat mit der Forderung, die einzelnen Jakobswege neu zu beleben. Was wiederum an die erwähnte Über-Nationalität des mittelalterlichen Pilgertums anknüpft.

Kann in diesem Kontext ebenfalls von einer Rückkehr der Religion gesprochen werden? Findet gar eine Inflation des Spirituellen statt in Symbiose mit hedonistischen und esoterischen Ansprüchen, entwickelt sich das Pilgern zu einem Event? Oder befriedigt es das Bedürfnis nach Gottesahnung in Zeiten paradoxer Säkularisierung? Und worin unterscheiden sich Zielsetzungen und Erkenntnisse heutiger Pilgernder gegenüber denen aus den Anfängen? Tatsächlich steht die Sinnhaftigkeit des Pilgerns in Interdependenz zu den jeweilgen Zeitläuften mit ihren spezifischen Ansprüchen und Problemstellungen.

Wie verhalten sich die Kirchen selbst gegenüber dem aktuellen Pilgertrend? Von der katholischen Kirche gehen eigentlich offiziell weniger Initiativen zu Pilgerfahrten aus. Vielmehr sind es Vereine, Verbände, Bruderschaften und Privatleute, die Pilger- und Wallfahrten initiieren, was auch der korporativen Struktur der Kirche entspricht. Auf protestantischer Seite entdecken einzelne Gemeinden verstärkt das Pilgerwesen und bewirken damit einen Wandel: Einmal anders Gedachtes wird neu definiert. Dieser Wandel trägt mit zur Revitalisierung historischer und Konzipierung neuer Wege mit entsprechender Infrastruktur durch Bereitstellung von Pilgerunterkünften bei. So versteht sich das Kloster Loccum u. a. als End- bzw. Anfangsstation des Pilgerwegs vom und zum Zisterzienserkloster Volkenroda und als Pilgerherberge. Ebenso werden Tagespilgertouren z. B. von Kirche zu Kirche veranstaltet. Trägt Pilgern also dazu bei, Entfremdungen aufzuheben und sich mit der Welt zu versöhnen? Tatsächlich schließt das immer größer werdende Netz von Teilstrecken des Jakobsweges und anderen Pilgerwegen nicht nur eine Sinnlücke, sondern auch eine Marktlücke. Das war schon im Mittelalter so.

Abb. 1: *Via Regia bei Neuhof/Fulda*

»Gott befohlen«

Entlang der Bonifatius-Route von Mainz nach Fulda

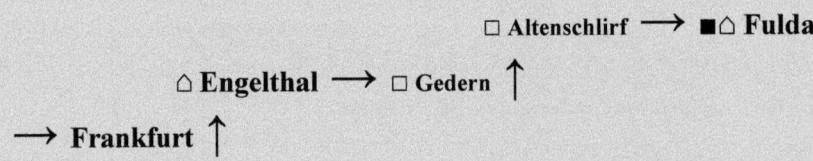

*Um 713 verließ der etwa vierzigjährige Benediktiner
mönch Wynfreth England, um auf dem Kontinent den
christlichen Glauben zu verbreiten. Er erhielt vom Papst in Rom
719 den Namen Bonifatius (Wohltäter). Als Missionar war er
intensiv in Hessen und Thüringen sowie in Friesland und
Bayern tätig, wurde zum Bischof und Erzbischof ernannt,
gründete Kirchen, Klöster und Bistümer. 746 wurde er Bischof
von Mainz. Als Achtzigjähriger reiste er 754 nochmals
nach Friesland und starb dort den Märtyrertod.
Seinen Leichnam überführte man zunächst mit dem Schiff
nach Mainz und von dort in einer großen Prozession
seinem Wunsch entsprechend nach Fulda.
Hier befindet sich in der Krypta des Doms sein Grabmal.*

»GOTT BEFOHLEN«

Mit diesen Worten verabschiedete mich ein Mitarbeiter der Evangelischen Kirchengemeinde Dortelweil bei Frankfurt. Hier sollte mein Pilgerweg beginnen und nicht in Mainz. Doch stimmt das so? Beginnt der Weg nicht vor der eigenen Haustür? Tatsächlich impliziert bereits die Planung den Aufbruch. So habe ich mir während der Vorbereitungen überlegt, erst einmal in einzelnen Etappen zu wandern. Wichtig war für mich: Was bringe ich an Erfahrungen mit für eventuelle weitere Pilgerfahrten, wo sind meine Grenzen, wie gehe ich mit den ›erlaufenen‹ Erkenntnissen um. Wollte spüren, was mir und mit mir passiert.

Von Bremen am Nachmittag mit dem Zug kommend, fuhr ich in Frankfurt mit der S-Bahn weiter nach Dortelweil. Während der Fahrt rief ich mir das harmonisch verlaufende Gespräch mit einer zufälligen Reisegefährtin im Zug nach Frankfurt ins Gedächtnis. Sie arbeitete seit Jahren in Russland im sozialen Bereich und sprach sehr angetan von ihrem Leben dort, das anfangs recht gewöhnungsbedürftig war. Gerne denke ich an diese Begegnung zurück. Da am Dortelweiler Bahnhof kein Hinweis auf den Bonifatiusweg zu finden war, fragte ich im Büro der dortigen evangelischen Kirche nach. Kirchen sind ja nicht nur für Pilgernde ein guter Orientierungs- und Anlaufpunkt. Die Wolken zogen sich immer mehr zusammen, was den Mitarbeiter besorgt fragen ließ, ob ich auch gegen den zu erwartenden Regen einen Schirm dabei hätte! Na, wandern und gar Pilgern mit Schirm!
       Auf dem Weg nach *Karben* unterlief mir bereits der erste Schnitzer beim Zuordnen des anscheinend verschobenen Pilgerweg-Logos: Ich landete in der Nähe eines Golfplatzes, wäre fast auf Bad Vilbel zugewandert und machte dadurch einen ziemlichen Umweg. Dabei hatte mir der Mitarbeiter deutlich den Weg erklärt! In Karben endlich angekommen, ging es auf dem gut ausgeschilderten Weg an der Kirche als zentralem Ort vorbei. Hier kam es zu einem kurzen Gespräch mit einer sehr freundlichen Mitarbeiterin. Langsam führte mich der Weg aus dem Ort hinaus in die Landschaft. Auf angenehmen Waldwegen und über freies Feld marschierte ich in Richtung Büdesheim. Ein kleiner Teil der Strecke gehörte zur alten Römerstraße und war als solche gekennzeichnet. Außer mir war niemand unterwegs, lediglich ein Jogger durchquerte den Wald.

Allmählich hatte sich der Himmel mit dunklen Regenwolken bezogen, es tröpfelte, was aber im Wald kaum zu spüren war. Also bestand keine Notwendigkeit, den Regenponcho aus dem Rucksack zu klauben. Dachte ich. Dann auf freiem Feld regnete es schon stärker. Aber im Westen gen Frankfurt zeigte sich ein schmaler, hellgelb schimmernder Streifen. Ich hoffte auf ein schnelles Verziehen der Regenfront, doch … es pladderte weiter. Da es schon später Nachmittag war, es fortwährend regnete, marschierte ich kurzerhand ab Büdesheim nicht den vorgezeichneten Pilgerweg, sondern entlang der Verkehrsstraße nach *Nidderau*, meinem ersten Zielort.

Dort kam ich hübsch nass an, und die heiße Dusche in einem bald gefundenen Hotel war besonders wohltuend. Die erste Teilstrecke hatte ich also geschafft, ich konnte zufrieden sein! Zur Freude darüber, eine Etappe gut überstanden zu haben, kam die Besorgnis einer möglichen Überanstrengung der Kniegelenke beim Wandern auf den vielen asphaltierten Wegen. Doch wunderbar war die gewonnene Gewissheit, gut aufgehoben, in ›Gottes Hand‹ zu sein. Am nächsten Morgen beobachtete ich vom Fenster aus drei Flugzeuge im Landeanflug auf Frankfurt: lautlos und wie gefährliche Insekten schwebend, stahlgrau und bedrohlich, an Ernst Jüngers *Stahlgewitter*, an Krieg erinnernd. Sehr beklemmend. War das nicht inzwischen bewältigte Vergangenheit, oder?

Ziel meines zweiten Pilgertages war die *Benediktinerinnenabtei Engelthal* bei Altenstadt. Hier wollte ich zwei Tage bleiben, um das dortige Klosterleben kennen zu lernen. Zunächst ging es durch Nidderau und entlang der alten Römerstraße zum alten Bahnhof und – wieder einmal abseits der vorgezeichneten Route – dann durch ein schönes Waldgebiet. An Eichen entlang wandernd, verlief ›mein‹ Weg an Feldern vorbei mit Blick auf das Dorf Eichen. Nach dessen Durchquerung erreichte ich den zum Kloster Engelthal führenden Weg, auf seinem höchsten Punkt hatte man einen weiten Blick auf Höchst und andere Ortschaften. Weiter ging es mitten durch den Wald bei angenehm sonnigem Wetter. Unterwegs begegnete mir ein anderer Wanderer, der sich mir unbedingt anschließen wollte. Es kostete mich ein wenig Mühe, ihm deutlich zu machen, ich würde als Pilgerin lieber allein gehen.

In Engelthal traf ich rechtzeitig zur Mittagszeit ein und erhielt noch ein Essen im Gästerefektorium. Da sich stärkere Muskel- und Knieschmerzen ankündigten, war ich froh, von Anfang an einen ganzen Aufenthaltstag mit zwei Übernachtungen im Kloster mit seinem spezifischen Rhythmus eingeplant zu haben.

Aber dank Franzbranntwein (äußerlich) und Arnika (innerlich) war bald alles wieder in Ordnung. Einige Zeit nach mir traf eine kleine Pilgergruppe ebenfalls in Engelthal ein. Sie strebte etwas aufgeregt hin zum Stempelkasten, schaute sich kurz den klösterlichen Innenhof und den Laden an – und verschwand wieder. Nachmittags döste ich auf einer Bank vor der Klosterpforte in der Sonne. Am Himmel setzten in fast regelmäßiger Folge Flugzeuge zur Landung auf dem Frankfurter Flughafen an. Die Geräusche der Motoren erinnerten mich erneut an Krieg und Bedrohung. War das nicht längst Vergangenheit? Seltsam, dass nur zwei Pilgertage eine derartige Assoziation auslösten.

In den beiden Tagen meines Aufenthalts hier fand ich die Teilnahme an den klösterlichen Stundengebeten sehr wohltuend und spirituell anregend. Dabei zu beobachtende Unterschiedlichkeiten in den einzelnen Klöstern sind immer wieder Beweis für die Vielfalt liturgischer Formen. Die Abtei Engelthal kann insgesamt auf ein über 700-jähriges Bestehen zurückblicken und war ursprünglich eine gotische Klosteranlage der Zisterzienserinnen. Nach der 1803 zwangsweise erfolgten Auflösung konnte erst wieder 1962 klösterliches Leben einziehen, viele Gebäude mussten neu errichtet werden. Der frühere Nonnenchor wurde der benediktinischen Regel entsprechend reaktiviert und eine dem Presbyterium vorgelagerte Gästekirche angebaut. Heute bietet sich das Bild eines in sich geschlossenen Komplexes mit einem großen Gästetrakt.

Da eine wirtschaftliche Grundlage des Klosters die Gästebeherbergung ist, waren über den ersten Mai alle Zimmer besetzt. Ich selbst war im Torhaus in einer Dachkammer, im Pilgerzimmer, untergebracht. Im Gästerefektorium traf sich eine bunte Mischung aus Einzelreisenden und Gruppen zu den Mahlzeiten, aber mit wenig Kommunikation untereinander. Es lief alles sehr funktional ab. An unserem Tisch sprachen wir über Klosterfahrungen, stellten Vergleiche an, teilweise wurde über die mangelnde Nähe zu den Schwestern und zum Klosterleben ›gemeckert‹. Hier traf also wieder einmal eine hohe Erwartungshaltung auf die Realitäten eines ebenfalls von Zwängen bestimmten klösterlichen Lebens.

Außer mir waren keine anderen Pilger anwesend, obwohl an diesem verlängerten Wochenende sicher welche auf der Bonifatius-Route unterwegs waren. Bei einigen der Klostergäste stieß mein Pilgern zwar auf Interesse, aber – war ich eine Exotin? Mit einer Reisenden aus Berlin kam es zu einem intensiveren Gespräch über das Pilgern, über die damit verbundene Reduzierung bestimmter Bedürfnisse und überhaupt eine asketischere Lebensweise: Man/frau benötigt doch dieses und jenes und ohne Handy unterwegs zu sein – geht das überhaupt? Und da sie allein mit dem Auto unterwegs war, bot dieses genügend Platz, um all die scheinbar unentbehrlichen Dinge aufzunehmen. Tatsächlich: Sobald man einen fahrbaren Untersatz hat, steigen anscheinend die Bedürfnisse, vergrößert sich das Gepäckvolumen, wird unnötiger Ballast mitgeschleppt, nicht auf das Wesentliche geachtet. An diesem Punkt setzt dann für mich die Frage des Vertrauens ein, in sich und in das, was einen leitet.

Beim Abschiednehmen gab mir die Gastschwester Magdalena gute Wünsche mit auf den Weg und hieß mich für weitere Besuche willkommen. Das tat gut. Weil ich bisher keine guten Erfahrungen beim Gehen auf asphaltierten Wegen machte, beschloss ich, vermehrt öffentliche Verkehrsmittel auf bestimmten Strecken zu benutzen. Dadurch wanderte ich zwar weniger, aber intensiver. Auch Sr. Magdalena bestärkte mich darin, sie kannte das Problem und auch die landschaftlichen Gegebenheiten.

So zog ich am vierten Tag bei strahlendem Sonnenschein über Waldwege und vorbei an blühenden Streuobstwiesen mit Blick auf das Tal der Nidder zunächst nach Altenstadt. Dort stärkte ich mich mit Bananen, auf die ich ganz plötzlich einen Heißhunger bekam. Fuhr dann mit dem Bus nach *Gedern*, wo ich eigentlich nach längerer Wandertour übernachten wollte. Die war ja nun entfallen. Daher schien es mir besser, erst einmal weiter zu wandern in Richtung Vogelsberg, um dann eine neue Entscheidung zu treffen. Also auf zum Gederner See und weiter auf dem sich dahin schlängelnden schön gelegenen Weg in Richtung Sängerswaldstraße. Teils ging es durch Wald, teils an Feldern und Ortschaften vorbei. Sehr einsam!

In Sichelhausen entschied ich mich, mit dem Vulkan-Express auf den Vogelsberg zu fahren. Meine Knie schmerzten wieder stark. Oben auf dem Berg nahm ich am Spätnachmittag erst einmal eine ordentliche Mahlzeit zu mir – leider kam das Essen auf dieser Fahrt ein wenig zu kurz. Obwohl ich mit Trockenfrüchten und anderen Energieträgern gut versorgt war. Etwas später fuhr ich mit einer anderen Buslinie in Richtung Ilbeshausen. Hier hätte ich auf der Bonifatius-Route nach Steinfurt laufen können. Doch da es bereits nach 19 Uhr war und die Sonne schon tiefer stand, bin ich lieber weitergefahren und habe den Bus an der nächsten größeren Straßenkreuzung verlassen. Von dort waren es nur wenige Kilometer bis *Altenschlirf*.

Auf dieser kurzen Wegstrecke war ich mit mir selbst zufrieden – hatte ich doch den Hauptteil der Strecke ohne Komplikationen hinter mich gebracht. Denn die Angst, es vielleicht physisch nicht zu schaffen, war meine ständige Begleiterin. Vor mir lag im Schein der Abendsonne die angepeilte Ortschaft mit Kirche. Wunderbar, als am Ortseingang der für mich erste Hinweis auf das nicht so ferne Fulda zu sehen war. So weit hatte ich es trotz meiner anfänglichen Bedenken geschafft. Welch ein Glücksgefühl! Nach einigem Suchen fand ich auch eine freundliche Pension. Auf meine Frage nach einem freien Zimmer meinte der Hotelwirt, was ich denn so zahlen wolle. Fragte dann, ob dreißig Euro in Ordnung wäre. Klar doch. Wieder einmal Glück gehabt und ein Bett für die Nacht gefunden!

Nach einer guten Nachtruhe und einem anständigen Frühstück war am fünften Tag für mich die letzte Etappe zu bewältigen: bis zur Kapelle Kleinheiligenkreuz und vielleicht von dort mit dem Bus nach Fulda hinein. Von Altenschlirf aus hielt ich mich abseits der Hauptstraße und wanderte an Wiesen vorbei durch ein größeres Waldgebiet. Vorher fragte ich allerdings noch einen jungen Mann, der in einer Garage an seinem Motorrad bastelte, ob der nächste abzweigende Weg tatsächlich nach Blankenheim führen würde. Ja, aber er sei nicht in einem guten Zustand, nicht geschottert oder asphaltiert. Na ja, wenn man als Motorradfahrer gewohnt ist, über glatte Straßen zu brettern …

Unterwegs verpasste ich den Abzweig hin zum markierten Bonifatius-Weg. Na, wenn schon. Linkerhand war durch den Baumwuchs etwas von der begleitenden Landschaft zu erahnen. Die noch milde Morgensonne ließ alles in sanftem Licht erscheinen. Dieser Abschnitt war der bisher schönste durchwanderte, Ruhe und Frieden durchströmten mich, auch noch später in der Rückerinnerung. Vor allem kam die in diesen Tagen erfolgte Loslösung von familiären Zwängen mir ganz spontan zu Bewusstsein. Fühlte mich von Vielem erleichtert und befreit, richtig gut. Allmählich führte mich der Weg hinaus aus dem Wald und kurz durch offene Landschaft an einer kleinen Ortschaft vorbei und wieder in den Wald hinein. Auf dem Weg hinunter nach Blankenau passierte ich Streuobstwiesen, die in voller Blüte standen. Schön!

Leider kam ich nur bis dort, meine Knie schmerzten entsetzlich, ich konnte nur noch humpeln, an ein Weitergehen war nicht mehr zu denken. Also musste ich wohl oder übel mit dem Bus weiterfahren. Sehr schade. Da aber am Sonntag auf dieser Strecke keine Busse fuhren, versuchte ich es mit Trampen. Als ich so an der

Straße stand, meinte ein vorbeigehender älterer Mann: Er würde grundsätzlich keine Tramper mitnehmen, mich aber schon. Was für ein Kompliment! Ein Autofahrer brachte mich dann an den Ortsrand, weil ich dort besser wegkäme. Er erzählte mir, hier in *Blankenheim* hätten schon öfters Pilgernde gestanden, neulich erst ein junger Mann – also eine ganz normale Situation!

Da keines der dann noch anhaltenden Autos direkt nach Fulda fuhr, ließ ich mich auf einen Umweg über Bimbach ein. Dort auf der Hauptstrecke, so meine Hoffnung, würde ich mit Bus oder Bahn besser nach Fulda kommen. So war es. Doch in meiner Dösigkeit bog ich erst einmal in die falsche Straße ein. Nach einem kleinen Imbiss sah ich klarer und fand schnell die richtige Straße mit der Bushaltestelle. Und schon ging es ab mit dem Bus direkt nach *Fulda* hinein. Wieder Glück! Leider aber nicht über die Via regio bei Neuhof.

Tatsächlich erreichte ich bereits um die Mittagszeit den Domplatz und das nahe gelegene Benediktinerinnenkloster, wo ich einige Tage verbringen wollte. Die mitten im Zentrum hinter hohen Mauern gelegene Abtei zur heiligen Maria wurde 1626 gegründet im Stil der Spätgotik und Renaissance. Sie war, wie so viele andere Klöster, in ihrer Geschichte starken Herausforderungen ausgesetzt. Kloster und Klosterkirche bilden ein geschlossenes Ensemble mit modernen architektonischen Erweiterungen. Ein visueller Höhepunkt im Kirchenraum ist das von Lioba Munz OSB geschaffene Altarbild in Emailtechnik. Die Glasfenster sind ebenfalls in warmen Farben gestaltet und lassen das Tageslicht in seinem Wechsel durchschimmern, vom leichten erdigen Braun bis zum sanften Blau. Besonders wirkungsvoll am Abend bei untergehender Sonne! Das Gästehaus selbst ist ein kleines Gebäude mit begrenzter Aufnahmefähigkeit, dadurch aber besonders gastlich und mit dem klösterlichen Leben stärker verbunden. Der rückwärtig gelegene kleine Gästegarten grenzt an die hochragende Klostermauer – dahinter pulsiert urbanes Leben.

Welch eine Wohltat, am Ziel angekommen zu sein, und welch ein herzliches Willkommen durch Sr Ursula. Sie und Sr Gertrud hatten schon überlegt, ob und wann ich wohl ankommen würde. Nach dem leckeren Mittagessen (Roulade) und einer kurzen Ruhepause suchte ich im Fuldaer Dom das Grab des hl. Bonifatius auf. Hier hielt ich eine Weile Einkehr und ließ die Schönheit des barocken Doms (wieder einmal) auf mich wirken. Dabei überlegte ich, welche der vielen anderen Besucher wohl auch auf Pilgertour sein könnten.

Vor ungefähr siebzehn Jahren kam ich das erste Mal in das Fuldaer Kloster. Sehr wohltuend war damals der Empfang durch die Gastschwester Ursula. Ich fühlte mich sofort aufgehoben und angenommen. Der Kaffeetisch im familiär eingerichteten Gästerefektorium war hübsch gedeckt – ganz der benediktinischen Gastfreundschaft entsprechend. Obwohl ich eigentlich nur hergekommen war, um mich über den für diese Abtei spezifischen Gartenbau zu informieren, nahm ich an allen Stundengebeten teil. Nach den wenigen Tagen, die ich hier verbrachte, wozu auch ein längeres Gespräch mit der für den Garten zuständigen Sr Christa gehörte, wusste ich, ich komme wieder, werde dann im Garten mitarbeiten und mich vielleicht mehr und mehr der klösterlichen Spiritualität öffnen. Dieser kurze und intensive Besuch hinterließ prägende Eindrücke. Es war, als ob ich zurückgeholt wurde zu meinem innersten Kern. Erkannte, was mir seit meiner Loslösung von Kirche und Religion sehr gefehlt hatte: Spiritualität und kontemplatives Erleben. Diese Erkenntnis verstärkte sich bei den nachfolgenden Besuchen und führte mich langsam wieder zurück zu meinen religiösen Wurzeln.

  In den letzten 14 Jahren hat sich vieles in der Fuldaer Abtei verändert: Eine neue Äbtissin wurde gewählt, ein schöner Klosterladen eingerichtet, der Mittagstisch für Obdachlose freundlicher gestaltet. Ebenso wurden die Gästezimmer gründlich renoviert, die Teilnahme der Gastschwester an den Mahlzeiten eingeführt. Für die nicht mehr so beweglichen und betagten Schwestern wurde eine freundliche Krankenstation mit breiter Fensterfront gebaut: So können sie in den Garten schauen und mehr Licht und Sonne genießen. Was geblieben ist: der zu den Mahlzeiten einladend gedeckte Tisch mit unterschiedlichem Geschirr für Werk- und Feiertage. Selbstverständlich helfen die Gäste beim Tischdecken und beim Abwasch, was eine gute Atmosphäre schafft.

  Heute sind Klosteraufenthalte Bestandteil meines Lebens, besonders in Fulda mit der Möglichkeit zur Mitarbeit im Klostergarten. Der ist nicht nur für die Schwestern ein Ort der Stille und des Rückzugs. Den im Garten tätigen Gästen vermittelt er durch die strenge Trennung von der Außenwelt (Klausur) ein Gefühl der Teilhabe und der Geborgenheit. Je nach Jahreszeit wechseln die im Garten anfallenden Tätigkeiten: vom Herrichten der Beete im Frühjahr bis hin zum Blätterharken und Pflanzenschnitt im Spätherbst. In bleibender Erinnerung ist mir der Ratschlag der hochbetagten Schwester Agathe, bei Rückenschmerzen sich ordentlich durchzuschütteln. Unvergessen auch das Sammeln von Säcken voller Brennnesseln für die klostereigene Herstellung des Düngemittels Humofix mit der inzwischen nicht mehr dem Konvent angehörenden Sr. Beate.

Wie all die vielen anderen Male, die ich bereits im Gästehaus des Klosters verbracht hatte, umfing mich auch diesmal wieder das Gefühl des Geborgen- und Angenommenseins einer klösterlichen Gemeinschaft – trotz der Distanz schaffenden notwendigen Klausur. Gerade im Fuldaer Kloster wurde durch die freundliche Aufnahme das Gefühl der Unbehaustheit während der Pilgertour aufgehoben. Und wie bei früheren Besuchen durfte ich wieder im Klostergarten mitarbeiten und mit Sr Christa Gespräche führen. Damit konnte ich teilhaben am benediktinischen Prinzip des ›Ora et Labora‹, obwohl die Stundengebete im Tagesablauf inzwischen reduziert bzw. zusammengelegt wurden. Wieder einmal war meine Seele baden gegangen!

Zwar hatte ich das eigentliche Ziel, das Bonifatius-Grab im Fuldaer Dom, erreicht, aber meine Pilgerfahrt endete erst im Zuhause. Hier kam ich wohlbehalten mit guter Kondition, doch mit schmerzenden Knien und einem starken Gefühl der Befreiung an, leider auch mit deutlich weniger Pfunden. Dagegen hatte mein sparsam gepackter Rucksack genau das richtige Gewicht und war gut zu tragen, ohne Nacken- und Rückenschmerzen. Was hat mir diese erste kleine Pilgertour gegeben? Auf der Negativseite ist anzumerken, dass die Bonifatius-Route eher nach touristischen Bedürfnissen geplant und angelegt wurde und eigentlich ein Kultur-Pilger-Pfad ist. Auch waren zu viele Wege asphaltiert, manche der Logos irreführend, was das Wandern insgesamt beschwerlicher machte.

Ich selbst konnte nach jedem erwanderten Abschnitt und dann am Ziel voller Freude sagen: Ich habe es geschafft!!! Persönlich brachte mir gerade diese Pilgerfahrt eine gefühlte Befreiung von belastenden Zwängen. Im Nachhinein bündelten sich Erfahrungen und Erkenntnisse, formten sich meine Gedanken zu einem sehr positiven Ergebnis. Elemente des Losgelöstseins und des Wissens um Zugehörigkeit verdichteten sich zu einem Ganzen. Dadurch, dass ich auf mich selbst gestellt war, befand ich mich während des Wanderns in einem Raum der Stille und Kraft.

Wichtig war für mich die Erkenntnis, den Weg so gelaufen zu sein, wie ich mein Leben gelebt habe, meine Seele sich bewegt hat: Krumm und gerade, oft aus der Reihe tanzend und eigene Wege suchend. Das hat mich im ersten Moment erschreckt, aus der Fassung gebracht, sehr nachdenklich gemacht. Aber auch Stärke und Vertrauen sowie Mut zu weiteren Aufbrüchen und Pilgertouren gegeben. Vor allem aber öffnete ich mich für Neues und konnte für mich persönlich wichtige Entscheidungen treffen.

Abb. 2: *Unterwegs im Klostergarten*

Auf nach Wilsnack!

Durch die Heide und das Wendland über die Elbe

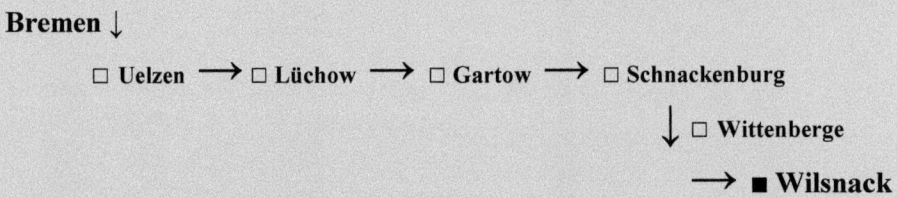

*Im Anfang sind die Leute so häuffig und
dicke aus vielen Orten und Nationen zugelauffen,
als wenn sie ihrer Vernunfft beraubet,
bezaubert und aller Dinge unsinnig gewesen waren.
Mitten in jrer Arbeit auff dem Felde,
oder aber in den Häusern, ists jnen plötzlich
und unversehens ankomen, das sie die arbeit
ligen laßen und in grosser eil
gen Wilßnagk gelauffen*

Matthaeus Ludecus

WILSNACK – JETZT WIEDER EIN PILGERORT?

Ist dort überhaupt noch etwas von der früheren Spiritualität zu spüren? Das wollte ich für mich herausfinden. Also los! Aber auf welchen Wegen? Tatsächlich führten und führen mehrere Wege nach Wilsnack, dem ehemaligen Heilig-Blutwunder-Gnadenort an der Elbe. Beweise dafür liefern die Topografie der Fundorte von Pilgerzeichen sowie Berichte und Dokumente. Viele der mittelalterlichen Pilger mussten erhebliche Strecken zurücklegen. So die aus Skandinavien kommenden über Lübeck, wofür u. a. ein Wegekreuz Beweis ist. Pilger aus dem Baltikum und Polen dürften über die Via Baltica bis Rostock und dann quer durch Mecklenburg gekommen sein. Aus Südosten führte ein Pilgerweg über Berlin, der inzwischen reaktiviert wurde. Aktuell beginnt er am S-Bahnhof Berlin-Henningsdorf und folgt dem historischen Weg über Fehrbellin und Sollenthin.

Aus Westeuropa und England kommende Pilger nutzten neben dem Seeweg unterschiedliche Landwege. So ging vielleicht eine Route über Paderborn, Minden, an Hannover vorbei durch die Altmark. Eine andere verlief über die schon genannte ›Flämische Straße‹ nach Bremen, dann weiter über Verden und Kloster Ebstorf bei Soltau bis Uelzen. Von hier wohl in Richtung Salzwedel und durch die Altmark am Kloster Arendsee vorbei mit anschließender Elbüberquerung. Der von mir favorisierte Weg sollte nach einigem Für und Wider von Bremen aus durch das Wendland gehen. Zwar sprach vieles für die Variante über Arendsee mit seinem Kloster aus dem 13. Jahrhundert, doch ist die Strecke ziemlich waldarm mit einem daher wenig beschatteten und quer laufenden Wegenetz. Hingegen besitzt das nördlicher gelegene Wendland größere Waldgebiete mit weicheren Wegen und guter Beschattung.

Mit dem Zug ging es zunächst über Achim, Soltau, Munster nach Uelzen. An Soltau bzw. Ebstorf vorbei führt ein neu konstruierter, von Hittfeld an der Elbe bis Kloster Mariensee verlaufender Pilgerweg. Erwähnenswert ist Ebstorf mit seinem ehemaligen Benediktinerinnenkloster aus dem 14. Jahrhundert (davor gehörte es den Prämonstratensern). In seinem Besitz befand sich lange die Ebstorfer Weltkarte, die als berühmteste und inhaltsreichste Rundkarte des Mittelalters mit Jerusalem als zentralem Punkt gilt.

Während der Bahnfahrt hatte ich Muße, mich auf die Landschaft und den vor mir liegenden Weg einzustimmen. Bei leicht bedecktem Himmel ließen die vielen vorbeiziehenden Getreidefelder ihren für diese Jahreszeit typischen Brotduft erahnen und wirkten appetitanregend. In *Uelzen* angekommen, bewunderte ich erst einmal ausgiebig den von Friedensreich Hundertwasser gestalteten sehenswerten Bahnhof. Ein echtes Schmuckstück und schön eigenwillig. Nach einem Imbiss entschloss ich mich, bis Lüchow mit dem nächsten Überlandbus zu fahren und dort mit der Wanderung über Trebel nach Gartow zu beginnen. Unterwegs passierten wir viele kleine Dörfer, u. a. auch einige der für das Wendland typischen Rundlinge (wie Dolgow und Klennitz).

Von *Lüchow* aus wanderte ich dann los in Richtung Trebel, und zwar entlang der Landstraße, da die Wanderwege quer zur Straße verliefen. Nach gut vier Kilometern klaubte mich ein freundlicher Autofahrer auf. Vor dreißig Jahren war er, gesellschaftspolitisch motiviert wie so viele andere in das Wendland Migrierte, aus Hamburg als Aussteiger in den kleinen, idyllisch gelegenen Ort Perzelle gekommen. Er wies mich darauf hin, dass der Waldweg von Trebel nach Gartow durch recht eintönigen Baumbestand führen würde. Der Forst von Perzelle nach Gartow wäre artenreicher und schöner zu durchlaufen. Ich überlegte nicht lange und entschied mich für diesen Weg, was ich nicht bereut habe.

Als ich auf der Karte das relativ große Waldstück verzeichnet sah, machte ich mir allerdings Gedanken darüber, wie viel Zeit ich benötigen und ob ich die Strecke bis Nienwalde bzw. Gartow noch vor Sonnenuntergang schaffen würde. Ich ging das Wagnis ein und stiefelte von Perzelle aus dann los, um eine Waldstrecke von gut 12 Kilometern zu durchwandern. Der anfangs asphaltierte Weg führte mich zunächst nach Wirl, einer kleinen Ansammlung von Wohn- und Wochenendhäusern sowie einem Forsthaus. Dort stärkte ich mich erstmal mit Obst, Brot und Nüssen.

Gut ausgeruht ging es dann auf den längeren Marsch durch den *Nienwalder Forst*, wobei mir eine Karte den richtigen Weg wies. Das Waldgebiet war recht einsam, die Wege von den letzten Regentagen noch sehr feucht und pfützig. Außer mir war niemand unterwegs. Durch die Bäume schimmerte die langsam sich neigende Sonne. Ich empfand eine Stimmung wie auf dem Bild *Der Abend* aus Caspar David Friedrichs Landschaftszyklus *Die Tageszeiten*. Zwar wirkte der Wald recht düster, doch die mich im Westen begleitende untergehende Sonne lockerte alles wieder auf. Ihr Schein flirrte durch die Bäume, sprenkelte Zweige, erreichte aber nicht den Boden.

War es beklemmend, in diesem eher düsteren Wald allein unterwegs zu sein? Tatsächlich musste ich an den Film *The Blair Witch Project* und seine Protagonisten denken, aber nur assoziativ. Ebenso tauchten Gedanken an Stephen Kings *Das Mädchen* auf, das auf dem Appalachian Trail verloren ging. Aber hier war ein ordentlicher deutscher Forstwald mit einem guten, übersichtlichen Wegenetz! Durch den dichteren Baumbestand mit seinem Unterholz wirkte der Forst fast unergründlich ohne Anfang und Ende … Wege zweigten ab … nicht sichtbare Tiere stoben davon … wo würde dieser Weg enden?

Irgendwann sah ich vorne einen kleinen hellen Fleck, der sich mehr und mehr vergrößerte – tatsächlich, es war die Lichtung vor der Ortschaft Nienwalde. Welch eine Freude und Erleichterung darüber, diesen Abschnitt geschafft zu haben! Mein ›Wagnis‹ hatte sich gelohnt, ich fühlte mich unglaublich gut. In der Rückerinnerung zeigte sich, dass bei der Wanderung durch diesen Wald interessante, die Gefühle stimulierende Wechsel verschiedener Sequenzen von Licht und Schatten auf mich einwirkten. Alle Sinne waren aktiviert, Gedanken und Geist vom üblichen Ballast befreit.

Nun war nur noch ein Nachtquartier zu finden. Doch die einzige Pension in Nienwalde war vollständig belegt. Das hieß, ich musste noch einige Kilometer bis Gartow zurücklegen. Da es schon auf 21 Uhr zuging, kam ein klein wenig Besorgnis auf. Aber nur ein klein wenig. Bisher war alles gut gelaufen, so würde auch dieser Tag sicher einen guten Abschluss haben. Und wirklich fand ich in *Gartow* noch ein Zimmer, allerdings ohne Frühstück. Ich fühlte mich wunderbar, hatte ich doch aus dem Stand über 20 Kilometer in relativ kurzer Zeit zurückgelegt! Wieder einmal spürte ich etwas von der mich begleitenden, Schutz gebenden Kraft.

Am nächsten Morgen, nach einem frugalen Frühstück in einer nicht gerade freundlichen Bäckerei, plante ich nach Schnackenburg an der Elbe mit dem Bus zu fahren, um meine Kraft für die Wanderung von Wittenberge nach Wilsnack aufzusparen. Doch der Bus kam und kam nicht (wegen der Ferienzeit?), trampen lohnte sich wegen des sehr niedrigen Verkehrsaufkommens nicht – also marschierte ich über Land auf schön beschatteten Wegen in Richtung Elbe und dann am Deich neben dem ruhig daliegenden Fluss entlang. Da hier auch der Elbe-Radwanderweg vorbeiführt, begegnete ich vielen Radwanderern. Nach etwa zehn Kilometern erreichte ich den Fähranleger in *Schnackenburg*. Die kleine Fähre verkehrte in gemächlichem Tempo über die Elbe mit jeweils ein bis zwei Autos. Das konnte für mein Weiterkommen per Autostopp auf der anderen Seite in Lütkewisch ja heiter werden. Die kurze Überfahrt über die still im späten Vormittagslicht dahin fließende Elbe habe ich sehr genossen. Wieder war ein Abschnitt dieser kleinen Pilgerfahrt bewältigt.

Außerhalb der Schulzeit fuhr kein Bus in Richtung Wittenberge oder dem nächsten größeren Ort, also versuchte ich es mit Trampen. Das erste Auto, ein Smart aus München, konnte leider keine dritte Person aufnehmen. Das Paar wünschte mir aber viel Glück und teilte mir zum Trost mit, die nächste Fähre würde noch ein (!) Auto bringen. Ich entschloss mich dann, erst einmal am Rand der Landstraße loszumarschieren, um zumindest bis zur nächsten, fünf Kilometer entfernten Ortschaft zu kommen. Nach einigen Kilometern kam tatsächlich wieder ein PKW vorbei und nahm mich, welch ein Glück, ganz bis Wittenberge mit. Das sehr freundliche Ehepaar gehörte zu der im Wendland gut vertretenen Minderheit ehemaliger Berliner, ist aber irgendwann auf die andere Seite der Elbe nach Lütkewisch gewechselt.

In *Wittenberge* entschied ich mich, lieber mit dem Zug in Wilsnack anzukommen, denn die Sonne stand hoch am Himmel, ich kannte den Weg an der Elbe entlang nicht (ob schattig, asphaltiert usw.) In *Wilsnack* selbst sah ich zwar vom Bahnhof aus den Turm der Wunderblut-Nikolaikirche, aber sonst wies im Stadtbild nichts auf einen ehemaligen, jetzt touristisch erschlossenen Pilgerort hin. Oder habe ich etwas übersehen? Mit einer weiten Umkreisung des Zentrums und der hübsch am Stadtpark gelegenen Kirche tat ich hier dem Pilgerlaufen Genüge. Das Innere der St. Nikolai-Kirche war schlicht gehalten und zum Teil renovierungsbedürftig. An den Wänden befanden sich Info-Tafeln, Abbildungen und Skulpturen zur Geschichte dieses ehemaligen Wallfahrtsortes. Auf einem Tisch lagen verschiedene Schriften und auch Pilgerzeichen zum Verkauf aus.

Leider wollte bei mir keine weihevolle Stimmung aufkommen, wirkte doch alles recht profan: Es fehlte die merkbare Aura eines spirituellen Raums, so meine Einschätzung. Daher besteht streng genommen auch nicht mehr die Notwendigkeit, Wilsnack als Pilgerort zu stilisieren. In einem Augenblick der Stille legte ich den gegangenen Weg nochmals in Gedanken und voll Dankbarkeit für das gute Ankommen zurück. Damit war diese kleine Pilgerfahrt zu Ende, weiter sollte es per Bahn nach Berlin zu einem Kurzbesuch bei Freunden gehen.

Nun noch etwas zur Geschichte Wilsnacks als Pilgerort, der einmal als Heilig-Blutwunder-Gnadenort eine große Bedeutung besaß und seinerzeit viele Pilger anzog. Auslöser war eine Brandschatzung im August 1383, die auch die Kirche zerstörte. Später fand der Pfarrer auf dem Altartisch drei mit roten Tropfen versehene Hostien. Diese Tropfen wurden als heiliges Blut Christi und daher als Wunder angesehen, wie es vielfach im 14. und 15. Jahrhundert der Fall war. Nach heutigen Erkenntnissen basieren derartige Blut- oder Hostienwunder auf eine Verunreinigung durch das Bakterium *Serratia marcescens*, das auf den befallenen Objekten rot gefärbte Kolonien hinterlässt. Die Nachricht von dem sogenannten Wunder verbreitete sich schnell, zumal einige Heilungsvorfälle beobachtet wurden. Wilsnack entwickelte sich in der Folge zu einem europaweit bekannten Wallfahrtsort, neben Jerusalem, Rom und Santiago de Compostela. Mit den Pilgerfahrten setzte auch ein durchaus erwünschter wirtschaftlicher Boom ein. Aus dem Dorf wurde ein Gnadenort mit vielen Herbergen und Versorgungseinrichtungen. Auch die zerstörte Kirche wurde neu erbaut und musste später sogar vergrößert werden.

Neben den vielen Befürwortern des Heilig-Blut-Kultes in Wilsnack meldeten sich allerdings auch kritische Stimmen, wie die des Prager Reformators Johannes Hus. Trotzdem konnte infolge kirchlicher und weltlicher Unterstützung Wilsnack im 15. Jahrhundert zu einem Treffpunkt weltlicher Würdenträger aufsteigen mit einer erneuten Zunahme der Wallfahrten. Auf einer Karte aus Klosterneuburg von 1421 wird Wilsnack als *daz heilig Pluet* aufgeführt. Mit der Reformation und der starken Ablehnung Martin Luthers gegenüber dem als Aberglauben apostrophierten Pilger- und Wallfahrtswesen endete Wilsnacks Bedeutung. Der erste protestantische Pfarrer von Wilsnack vernichtete die Wunderhostien und zerstörte die Monstranz mit dem sich darin befindenden Rest der drei Hostien.

An die Vergangenheit als Pilgerziel erinnern archäologische Funde des spezifischen Wilsnacker Pilgerzeichens im nord- und westeuropäischen Raum. Bisherige Fundorte sind das Kloster Alvastra am Vättersee in Schweden, King's Lynn im englischen Norfolk, Amsterdam und andere Orte an der niederländischen Küste sowie Bremen, Kloster Wienhausen und Mecklenburg. Charakteristisch für dieses Emblem sind die in Form eines Dreiecks zusammengefügten drei Hostien-Plättchen. Ebenso wurden Abgüsse auf Glocken und andere bildliche Darstellungen entdeckt. Zudem konnten Pilgernde sich an Wegekreuzen mit dem Wilsnacker Zeichen orientieren.

Was hat diese kurze Pilgerfahrt nun bei mir bewirkt? Erst einmal ganz profan: Es traten trotz vieler, auf asphaltierten Wegen zurückgelegter Kilometer keine Knieschmerzen auf. Der Rucksack war diesmal ein wenig zu schwer oder habe ich das nur so empfunden? Im Nachhinein bedauerte ich, nicht länger unterwegs gewesen zu sein und mir mehr Zeit gelassen zu haben. Trotzdem war ich beim Wandern ganz bei mir selbst, voller Zuversicht und Vertrauen. Später, in der Rückerinnerung an den Weg durch den Nienwalder Forst, kamen mir diese Gedichtzeilen von Robert Frost in den Sinn:

The Woods are lovely, dark and deep.
But I have promises to keep,
to go before I sleep.

Zwar musste ich nicht hungrig ein verschneites, unendlich weit erscheinendes Waldgebiet durchqueren, sehnte mich aber trotzdem nach einem Ruheplatz am Ende des Weges. So hat diese kleine Pilgerfahrt tatsächlich etwas Bleibendes hinterlassen.

Quer durchs Land

Kloster Loccum
Kloster Mor Jakob von Sarug Warburg
Elisabeth-Schrein Marburg
Abtei Münsterschwarzach
St. Jakobus-Kirche Hohenberg
Cursillo-Haus St. Jakobus Oberdischingen

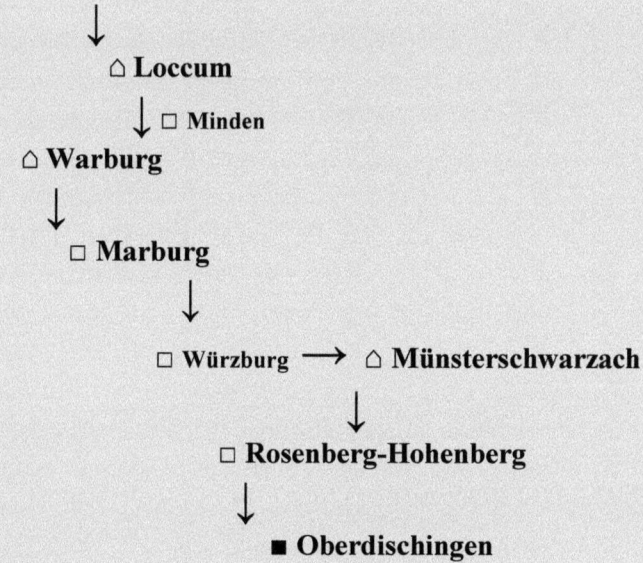

Der Weg, die Wahrheit, die Liebe und das Leben
Augustinus

Für den Spätsommer

plante ich meine dritte Pilgerreise. Dieses Mal sollte es von Nord nach Süd gehen mit dem Besuch unterschiedlicher spiritueller Verortungen. Ziele waren das ehemalige Zisterzienserkloster Loccum, das Syrisch-orthodoxe Kloster in Warburg, die Elisabethkirche in Marburg und die Benediktinerabtei Münsterschwarzach. Weiter sollte mich meine Fahrt auf dem Fränkisch-Schwäbischen Jakobsweg zur St. Jakobus-Kirche in Hohenberg und hin zum Cursillo-Haus St. Jakobus in Oberdischingen am Oberschwäbischen Jakobsweg führen. Und dann quer über die Schwäbische Alb zurück in den Norden.

Um zu meinem ersten Ziel, dem romanischen Kloster Loccum, zu gelangen, fuhr ich erst einmal mit dem Zug über Nienburg bis Leese-Stolzenau an der Weser. Die bei Reiseantritt noch stärkeren Regenfälle ließen nach, langsam lockerte sich der Himmel bei meiner Ankunft in Leese auf. Daher versprach ich mir ein schönes, geruhsames Wandern in Richtung Loccum. Auf einem gut zu begehenden Radwanderweg ging es vorbei an Wiesen, Feldern und Waldstücken mit wechselnden Richtungen und sich dadurch verändernden Perspektiven. Das macht das Wandern kurzweilig und bietet immer neue Aus- und Ansichten. Außer mir war auf dem 14 Kilometer langen Weg niemand unterwegs. Ab und an war Traktorenlärm zu hören, ansonsten große samstägliche Ruhe und den Sonntag ankündende Stille.

Je näher ich *Loccum* kam, desto hügeliger wurde die Landschaft. Kurz vor dem Ortseingang nahm mich eine mit dem Auto vorbeikommende Bäuerin mit und beschrieb mir den genauen Weg zum Kloster. Bald war auch ein Teil der klösterlichen Anlage zu sehen, die noch immer die zisterziensische Herkunft erkennen lässt. Sie wurde 1163 von Mönchen aus dem thüringischen Volkenroda gegründet, beide Einrichtungen sind inzwischen durch den sogenannten Zisterzienser-Pilgerweg miteinander verbunden. Ende des 16. Jahrhunderts wurde Kloster Loccum zwar evangelisch-lutherisch, bewahrte aber sein klösterliches Erbe. Aktuell ist es Teil des Zisterzienserordens mit Gaststatus.

Nach einer ersten Besichtigung der wuchtig-schönen romanischen Kirche und dem Ruhe ausstrahlenden Kreuzgang nahm ich mir Zeit für Momente der Besinnung. Entzündete eine Kerze, dachte an den noch vor mir liegenden Weg und was er mir bringen würde. Danach ging es ab in den Klosterladen zu Tee und Kuchen.

Solchermaßen gestärkt durchwanderte ich die sehenswerte Anlage mit Slaphus und ehemaliger Pilgerscheune. Das heutige Pilgerhaus war leider besetzt, so musste ich mich wieder auf den Weg machen. Ohnehin hatte ich eine Übernachtung an diesem Ort nicht unbedingt eingeplant.

  Um weiter nach Minden zu kommen, wanderte ich zurück zum Bahnhof in Leese-Stolzenau, diesmal aber auf der deutlich kürzeren Bundesstraße. Unterwegs gelang es mir, einen Lift zu bekommen, was ziemlich lustig war: Meinte doch der gut 40-jährige Autofahrer, ob ich nicht zu alt zum Trampen wäre, er hätte noch nie eine Frau in meinem Alter per Autostopp reisen gesehen. Na so was! Dachte er, ich wäre ein Muttchen? Wir unterhielten uns dann sehr angeregt, berichteten von unseren Erfahrungen beim Trampen. Für mich war es seinerzeit ein Weg zu mehr Selbstsicherheit, zum Sammeln von Erfahrungen, auf Menschen zuzugehen, sich in schwierigen Situationen zu bewähren, zum Kennenlernen eines anderen, befreiten Lebensgefühls und natürlich anderer geografischer Räume. Im Gegensatz dazu fungierte das Trampen bei ihm lediglich als Fortbewegung von einem Ort zum andern, da ein eigenes Auto noch fehlte. Beim Bahnhof in Leese verabschiedeten wir uns in guter Stimmung voneinander.

  Bei meiner Ankunft in *Minden* war es bereits dunkel und es regnete inzwischen stark. Ich suchte mir schnell ein Hotelzimmer in Bahnhofsnähe, um nicht zu nass zu werden. Vom Preis her war es fast zu teuer für mich, was ich aber sicher irgendwann wieder einsparen würde. Am anderen Morgen lagen Stadt und Landschaft noch im Hochnebel, der allerdings sonniges Wetter verhieß. Da ich mich ganz auf mein nächstes Ziel konzentrieren wollte, verschob ich den Besuch des Mindener Doms auf eine eventuell spätere, mich abermals hier durchführende Pilgerreise.

Mit dem Zug ging es also am folgenden zweiten Tag direkt weiter in Richtung Warburg zu dem bisher einzigen Syrisch-orthodoxen Kloster Deutschlands. Unterwegs ärgerte ich mich darüber, keine Fahrkarte für die Regionalbahn ab Bielefeld gekauft zu haben. Stattdessen transportierte mich die Bahn per IC über Hamm und Paderborn nach Warburg. Was für ein Umweg! Da habe ich nicht aufgepasst und es dann tatsächlich versäumt, eine Station früher auszusteigen, um den Rest des Weges nach Warburg zu wandern. Ärgerlich. In *Warburg* fand ich schnell die hoch aufragende Klosteranlage, die früher dem Dominikanerorden gehörte. 1996 wurde sie an die deutsche Gemeinde der Syrisch-Orthodoxen Kirche verkauft. Nach einer Umbauphase richtete das jetzige Kloster *Mor Jakob von Sarug* 1998 ein theologisches Seminar ein, dessen Schüler bzw. Seminaristen parallel zu ihrer Ausbildung öffentliche Schulen in Warburg besuchen.

Beim Eingang sprach ich eine junge Frau an und trug ihr mein Anliegen vor. Sie forderte mich zum Mitkommen in das Innere des Klosters auf und führte mich zu einer kleinen Kapelle. Nach einer kurzen Wartezeit begrüßte mich ein junger Seminarist. Ich wurde freundlich darauf hingewiesen, dass man wegen einer Trauerfeier sich nicht intensiv um mich kümmern könnte. Mit dem Seminaristen führte ich ein gutes und informatives Gespräch in lockerer Atmosphäre und mit gegenseitigem Respekt. Er selbst bereitete sich auf das Abitur an einer Warburger Schule vor, zusätzlich zu seiner Ausbildung zum Geistlichen bzw. Religionslehrer. Er und seine Familie stammen wie viele andere syrisch-orthodoxe Christen in Europa aus Tur Abdin in der Türkei. In Deutschland leben etwa 80 000 Gläubige, in deren Bewusstsein die immer noch stattfindenden Verfolgungen in der Türkei präsent sind.

Das Warburger Kloster ist zur Zeit einziger Bischofssitz des Syrisch-orthodoxen Erzbistums in Deutschland. Zur Zeit meines Besuchs lebten dort fünf Mönche und eine Nonne sowie eine Novizin. Siebenmal täglich finden Gebete statt, je ein Gottesdienst am Morgen und am Abend. Gefastet wird sieben Wochen, die kirchlichen Feste orientieren sich am Rhythmus des Mondjahres. Vor einer Amtsübernahme müssen die Priester verheiratet sein. Der Namenspatron des Klosters, der heilige Mor Jakob von Sarug, lebte von 451 bis 521 im Euphratgebiet. Später kamen seine Reliquien nach Amid, dem heutigen Diyarbakir. Er gilt als großer Theologe und Poet. Seine Hymnen haben einen festen Platz in der Liturgie der Syrisch-Orthodoxen Kirche gefunden. Kirchenliturgische Sprache ist das alte Hocharamäisch, ansonsten wird umgangsaramäisch gesprochen.

Der Gebäudekomplex besteht aus der Kirche mit etwa 400 Plätzen, zwei Kapellen, 66 Zimmern, einem Bibliotheksraum und weiteren Lese- und Unterrichtssälen, zwei Konferenzräumen, einem Refektorium und einer Gemeinschaftsküche, Verwaltungs- und Freizeiträumen sowie Aufenthaltsräumen und einer großen Gartenanlage. Kirche, Kapelle und Flure sind schlicht gehalten mit wenigen ikonenartigen Bildern, unter denen sich zum Teil Kerzenstöcke befinden. Es bestehen gute Kontakte zum nicht so weit entfernt liegenden ehemaligen Zisterzienserkloster Hardehausen, heute eine Bildungseinrichtung. Da wegen der Trauerfeier die Zeit knapp war, verabschiedete ich mich bald und schaute mir noch die Kirche und kurz die

Außenanlagen an. Das Kloster strahlte auf mich eine große Ruhe aus. Angenehm war, dass ich mich frei bewegen konnte. An diesen Besuch denke ich gern zurück und werde ihn diesen Ort sicher wieder einmal aufsuchen.

Wider Erwarten und entgegen meiner Planung ging es recht früh mit dem Zug weiter über Kassel nach Marburg. Im wegen des Sonntags sehr vollen Zug fand ich noch Platz neben einer Dreizehnjährigen, die mich bald nach meinem Reiseziel fragte. Sie selbst war auf Ferienrückreise von Hamburg nach Singen und langweilte sich sehr auf der langen Fahrt, andere junge Leute waren nicht im Abteil. Von unserem Gespräch versprach sie sich wohl mehr Kurzweil. Tatsächlich haben wir uns angeregt unterhalten, über die Schule, ihre schöne und interessante Zeit in Hamburg, ihr Leben zu Hause. Beim Verabschieden wünschte ich ihr alles Gute für die Weiterfahrt und für ihre Zukunft. Wieder eine gute Begegnung!

In *Marburg* pilgerte ich gemütlich durch die Straßen hin zur Elisabethkirche. Sie wurde im 13. Jahrhundert durch den Deutschritterorden über dem Grab der hl. Elisabeth von Thüringen erbaut und besaß als Wallfahrtskirche einen hohen Rang. Das Leben der jungen Elisabeth war bestimmt von Frömmigkeit, freiwilliger franziskanischer Armut, Mildtätigkeit und der Pflege Kranker. Schon bald nach ihrem Tod 1231 und nach ihrer Heiligsprechung 1235 setzten Pilgerfahrten zu ihrem Grab in der Kapelle des von ihr gegründeten Franziskushospitals ein. An diese Kapelle wurde später die Elisabethkirche gebaut, der Leichnam der hl. Elisabeth in einem Schrein mit Bleisarg beigesetzt. Dabei trennte man, wie oft üblich, den Schädel vom übrigen Körper und stellte ihn im Kirchenraum aus. Nach und nach kam es zur Translation einzelner Reliquien. Mitte des 16. Jahrhunderts wurden im Zuge der Reformation die Gebeine aus dem Sarg entfernt, einige Skelettteile sollen später in einen Schrein umgebettet worden sein oder sind sonstwo (z. B. in der Lahn) geblieben. Ungefähr im gleichen Zeitraum wurden der Schädel und beide Unterschenkelknochen in die Klosterkirche zur Heiligen Elisabeth in Wien translatiert, wo sie sich heute noch befinden.

Draußen auf dem Vorplatz posierte eine junge Frau in mittelalterlicher Tracht, ganz nostalgisch. Leider kostete der Zugang zum Schrein der hl. Elisabeth drei Euro Eintritt – wenn das die hl. Elisabeth wüsste! Merkwürdig, erst opponiert man gegen den Heiligenkult, vernichtet Reliquien, dann wird ein nahezu leerer Schrein vermarktet und ein Pilgerpfad eingerichtet. Ich selbst habe schon aus Protest gegen diese unchristliche Abzocke außerhalb der Grabkammer besinnliche Einkehr gehalten. Später gab mir ein Bekannter den Rat, der hl. Elisabeth doch einen Brief zu schreiben und darin mein Missfallen auszudrücken. Gerne, doch ist sie ja in Marburg nicht mehr anzutreffen!

Analog zu dem von Eisenach kommenden und nach Köln führenden Jakobsweg ist eine Teilstrecke auch als Elisabethweg bekannt. Im Nachhinein bedauerte ich (wieder einmal), nicht einen Abschnitt dieses Weges gegangen zu sein, wie eigentlich vorgehabt. Aber auch beim Pilgern muss man flexibel sein, sich auf neue Situationen einstellen und weniger gute Entscheidungen akzeptieren können.

Da es noch relativ früher Nachmittag war, entschied ich mich gegen eine Übernachtung in Marburg (Pilgerhospiz mit Matratzenlager) und für eine Weiterfahrt nach Würzburg, meinem nächsten Zielort. Dort kam ich nach kurzem Aufenthalt in Frankfurt am frühen Abend an. Die Züge waren, wie immer am Sonntag, übervoll, die Temperatur hoch – kurz, alles andere als angenehm. Das soll Pilgern ja nicht unbedingt sein, liebe Anne, besonders wenn öffentliche Verkehrsmittel benutzt werden! Ab und an konnte ich etwas von der schönen, schnell, zu schnell vorbeihuschenden Landschaft mit Fluss wahrnehmen. Unangenehm war das ständige Telefonieren meiner Sitznachbarin und ihr deutliches Missfallen darüber, nicht mehr allein zu sitzen.

In *Würzburg* suchte ich nicht lange herum und fand schnell ein kleines Hotel, mit Vorkasse – wegen meines Rucksacks? Sah ich etwa so verlottert oder gar verdächtig aus? Denn am nächsten Morgen stellte ich fest, anderen Gästen (mit Koffer) wurde das nicht abverlangt. Das war mein erstes negatives Erlebnis. Natürlich hätte ich auch in einem größeren räumlichen Radius ein Zimmer suchen können, wollte aber schnell zur Ruhe kommen. Am nächsten Tag sollte es dann zur Abtei Münsterschwarzach gehen, einem meiner Sehnsuchtsorte. Am Montagmorgen pilgerte ich in Würzburg zunächst noch zu einigen Kirchen. So zum Kiliansdom mit seinen verschiedenen Kunstepochen. Sehenswert das Scherenberg-Grabdenkmal von Tilman Riemenschneider. In mir spürte ich als Folge des gestrigen anstrengenden Sonntags mit seinen vielen wechselnden Eindrücken und der hohen Mobilität immer noch sehr viel Unruhe.

Das änderte sich bei einem längeren Verweilen in der Augustinerklosterkirche. Beim Betreten der zum Kloster gehörenden Rita-Kapelle wusste ich allerdings nicht, was mich erwartete. Ich war die einzige Besucherin, der sich die durch Sensoren aktivierten Türen öffneten. Für mich, ohne dass ich sie aufstoßen oder darum bitten musste. Dieses lautlose Öffnen symbolisierte mir: Du bist willkommen mit allem was du mitbringst. Tatsächlich war dieser stille Raum mit seinen angenehmen Lichtverhältnissen ein mir Geborgenheit gebender Ort. Unter dem Einfluss der mich umgebenden Stille erhielt ich die notwendige Ruhe und kontemplative Kraft für den weiteren Weg. Ich konnte mich wieder bei mir selbst fühlen und war im Einklang mit dem, was ich erfahren wollte. Es lag ein Fürbittenbuch aus, ich erbat Hilfe und Segen für diesen meinen Pilgerweg mit seinem besonderen Anliegen und für den Lebensweg meines Sohnes. In meiner Erinnerung erweist sich die Rita-Kapelle als einer der spirituell wertvollsten und wirksamsten Räume nicht nur dieser Pilgerfahrt.

Gegen Mittag fuhr ich dann mit dem Zug voller Ausflügler bis *Kitzingen*, um von dort am Main entlang nach Schwarzach zu wandern. Anfangs war der Weg auf dem linken Mainufer noch recht angenehm, verlor aber an Qualität, je mehr er sich vom Ufer entfernte. Daher überquerte ich in Höhe Mainstockheim den Fluss mit der Fähre und weiter ging es kontinuierlich am Ufer entlang mit Aussicht auf die Weinberge. Die Sonne meinte es immer besser, bald war ich total durchgeschwitzt mit der Erkenntnis, nie wieder zum Wandern ein Stretchshirt anzuziehen! Trotz des nicht immer gut zu gehenden Weges (Asphalt und Schotter) muckten meine Knie nicht auf. Einmal ging es über ein stillgelegtes Fabrikgelände, ein Zaun war zu überwinden, um wieder auf den Wanderpfad zu stoßen. Rechterhand begleitete mich der Main, still dahin plätschernd und in der Sonne schimmernd.

Irgendwann kam ich an die Brücke über den Main in Richtung Schwarzach. Von hier aus konnte ich endlich die Abtei Münsterschwarzach mit ihren vier wuchtigen Türmen erblicken. Jetzt lag nur noch ein etwa zwei Kilometer langer Weg durch abgeerntete Felder vor mir. Kurz nach 14 Uhr war ich an der Klosterpforte und bald in meiner Gastzelle. Hier hieß es erst einmal: kurz kalt duschen, das arg gerötete Gesicht abkühlen, Kleidung wechseln und sich anschließend besser fühlen. Für die nachmittägliche Zwischenmahlzeit stand im Gästerefektorium auch schon alles bereit. Großartig! Später in meinem Zimmer war ich auf eine stille Art sehr glücklich und voll dankbarer Freude, war ich doch wieder einmal gut angekommen.

Die *Benediktinerabtei Münsterschwarzach* kann auf eine lange Tradition zurückblicken. Bereits um 788 gab es hier ein Nonnenkloster, nach 877 umgewandelt in ein Mönchskloster. Die 1023 errichtete frühromanische Basilika wurde

1743 durch eine von Balthasar Neumann gestaltete Barock-Basilika ersetzt. 1803 fiel das Kloster der Säkularisierung zum Opfer, später wurde die Kirche durch Blitzschlag zerstört. Zwischen 1935 und 1938 entstand mit dem Bau der heutigen Kirche wieder klösterliches Leben – auch als Antwort auf den Nationalsozialismus.

Während der Vesper am späten Nachmittag fiel mir vor allem der besondere Klang auf: Da die gesamte Abteikirche nicht beschallt wurde, blieben die Töne auf den Chor- und Altarraum beschränkt und schufen eine besondere akustische Atmosphäre. Beim Abendbrot kam es zu einem anregenden Gespräch u. a. über unterschiedliche körperliche Umsetzungen meditativ-geistlicher Musik. Mit am Tisch saß eine Dominikanerin, die hier im Kloster an Schweigeexerzitien teilnehmen wollte und von ihren tänzerischen Erfahrungen berichtete.

Der nächste Tag begann mit dem Besuch der Laudes um fünf Uhr. Sehr stiller Gang durch die dunklen Flure im Gästehaus, wodurch viel von der klösterlichen Atmosphäre herüberkam. Die morgendliche Konventmesse brachte mir ein besonderes Erlebnis, erhielt ich doch bei der Kommunion die Hostie durch Anselm Grün mit wohltuend gütig-lächelnder Geste dargereicht. Nach dem Frühstück erkundete ich auf einem kleinen Streifzug das weiträumige Klostergelände. Einzelne Teile waren unauffällig als Klausurbereich gekennzeichnet mit der Bitte um Rücksichtnahme.

Am Nachmittag besuchte ich die am Tag zuvor eröffnete Ausstellung *Seele ist Körper* des in Münsterschwarzach lebenden Benediktiners Meinrad Dufner. Die ausgestellten Bilder zeichnen sich durch eine farbgewaltige Darstellung menschlicher Körper und Gesichter aus. Sichtbar gemacht werden Verzweiflung, Wut, Freude und Liebe, das ganz Spektrum menschlichen Ausdrucks. Der geschundene Mensch: Guantánamo. Nach Aussage P. Dufners sollen die Bilder ganz bewusst eine Manifestation gegen eine noch immer in der Kirche anzutreffende Leibfeindlichkeit sein. Da gerade eine Gruppe unter seiner Führung die Ausstellung besuchte, fehlte mir die Ruhe und ich blieb nicht allzu lange, ließ mir aber am Schriftenstand den Katalog zuschicken.

Ein weiterer Höhepunkt an diesem Nachmittag war der Gang durch das siebengängige, mit 14 Wendungen versehene Labyrinth, das in etwa dem einige Jahre früher im Priorat Damme gebauten ähnelt bzw. diesem nachgebaut wurde. In seiner Symbolik steht das Labyrinth nicht nur für den Lebensweg des Menschen, seine Pilgerfahrt auf dem Weg zu sich selbst. Vor allem soll es ein Weg der Einkehr sein, sind die Wendungen der in Kreuzform gehaltenen Krümmungen ein Spiegel des eigenen Lebens. Und wer die Mitte erreicht, ändert die Richtung, kehrt um und beginnt neu. So führte mich der Weg unabänderlich zum Zentrum, zur Mitte und wieder zurück. Man geht nicht verloren, erfährt Demut, Sühne und Glück. Ich verließ diesen Ort in sehr guter Stimmung und Harmonie. Habe ich mich doch in meiner Seelenlandschaft bewegt. Monate später und wieder zu Hause fand ich im Buch *Kafka am Strand* von Haruki Murakami eine interessante Deutung: Das Labyrinth wirkt reziprok, das Äußere wird auf das Innere des Betrachters projiziert und durch das Begehen des äußeren Labyrinths gelangt man in sein inneres.

Später in der Buchhandlung kaufte ich mir noch das Büchlein *In der Schule der Liebe* von Gertrud von Helfta. Wie passend zu meiner Pilgerreise! Für jeden der nachfolgenden Tage nahm ich mir eine Seite zur Meditation vor. In der Nacht konnte ich wegen großen Lärms und starken Brandgeruchs nur schlecht schlafen, da, wie man mir am nächsten Morgen sagte, ein großes Schweineschlachten auf einer benachbarten Mästerei stattgefunden habe. Am letzten Tag meines Aufenthalts besuchte ich den Gottesdienst in der Krypta mit ihren farblich schön abgestimmten Fenstern in Blau-, Grün- und Gelbtönen. Es war der Tag der hl. Monika, der Mutter des Kirchenlehrers Augustinus, die ihren Sohn nie verloren gab.

Während des Frühstücks entwickelte sich am Tisch ein sehr anregendes Gespräch, vor allem mit einem jungen Mann und einem dienstlich anwesenden (protestantischen) Orgelbauer. Es ging u. a. um das Pilgern, den Koran, das unterschiedliche Essen in Frauen- und Männerklöstern. Hierzu kein Kommentar, ich bin auch in Nonnenklöstern immer gut versorgt worden. Leider fuhr schon bald mein Bus nach Kitzingen, so dass ich die Unterhaltung mit dem sehr interessierten jungen Mann nicht fortsetzen konnte. Wirklich schade.

Auf der Fahrt mit dem Zug von Kitzingen nach Rothenburg ob der Tauber passierte mir ein dämliches Missgeschick. Aus Zeitmangel wollte ich meine Fahrkarte im Regionalexpress nachlösen, was aber seit einiger Zeit nicht mehr möglich ist. Dadurch bin ich (oje!) zu einer Schwarzfahrerin geworden und musste einen erhöhten Fahrpreis von 40 Euro zahlen (wovon mir 35 Euro nach gut fünf Monaten, ohne dass ich mich beschwert hätte, aus Kulanzgründen erstattet wurden – das nenne ich Service!). In *Rothenburg* war absoluter Touristentrubel, daher stattete ich der Jakobskirche mit dem Schnitzaltar von Tilman Riemenschneider nur einen Blitzbesuch ab, leider. Schnell ging es weiter mit Kleinbus und Regionalbahn bis Crailsheim zum Fränkisch-Schwäbischen Jakobsweg. Dieser führt u. a. von Würzburg kommend über Ochsenfurt, Rothenburg ob der Tauber, durch die Hohenloher Ebene, über Crailsheim, Rosenberg-Hohenberg bis nach Ulm.

In *Crailsheim* pausierte ich eine Weile und fuhr am Spätnachmittag mit dem Bus in Richtung Rosenberg. Unterwegs konnte ich schon den Hohenberg mit der Jakobuskirche sehen. Nach einer kurzen Wanderung suchte ich in *Rosenberg* sofort die Kirche Mater Dolorosa auf. Hier wirkte für zwanzig Jahre der Priester und Künstler Sieger Köder. Für diese ›seine‹ Kirche schuf er den Flügelaltar mit Sequenzen aus dem Kirchenjahr, ebenso Tabernakel und zwei Bildfenster sowie 14 Kreuzwegtafeln und ein Deckenbild. Im Ort selbst sind außerdem drei Plastiken vor dem Rathaus aufgestellt. Seine Malerei ist ausgesprochen farbintensiv und erinnert teilweise an Marc Chagall. Ist sie auch Ausdruck eines religiösen Realismus?

Weiter ging es auf dem Jakobsweg den *Hohenberg* hinauf. Er ist die höchste Erhebung im Ellwanger Land und mit der auf dem Gipfel stehenden St. Jakobuskirche weithin sichtbar. Auf leicht ansteigendem Weg durch ein abwechslungsreich mit Skulpturen versehenes Waldstück näherte ich mich ganz entspannt dem ›Gipfel‹. Beschäftigte mich aber noch sehr mit den in der Rosenberger Kirche erhaltenen Eindrücken. Oben angekommen, bot sich mir als Flachländerin ein großartiger Ausblick auf die Landschaft. Außer mir waren weitere Besucher dort, die sich vor allem auf dem Friedhof aufhielten. Mit einem Ehepaar kam ich kurz ins Gespräch. Sie wunderten sich über mein ›einsames‹ Wandern und stellten dazu die üblichen Fragen.

Bei meinem Rundgang über den Berg kamen mir Gedanken an die schon vor Jahrhunderten auf ihrem Weg nach Santiago de Compostela hier rastenden Pilger. Richtig begeistert war ich vom Hinweis auf das im rückwärtigen Teil des Jakobushauses befindliche Pilgerhospiz. So brauchte ich mir im Ort weiter unten kein Quartier zu suchen. Die Tür des Hospizes war unverschlossen, ein Zettel bat um Anmeldung im Vorderhaus bei Schwester Friedlinde, einer Franziskanerin. Doch diese war ›ausgeflogen‹, so richtete ich mich erst einmal allein ein: legte den Rucksack ab, suchte mir eines der Betten aus, schaute die Räumlichkeiten an. Das kleine, in franziskanischer Einfachheit gestaltete Hospiz bietet ungefähr sechs bis acht Pilgernden Platz. Es wurde vor einigen Jahren mit Hilfe des *Bundes der Deutschen*

Katholischen Jugend und der *Katholischen Jungen Gemeinde* Hohenberg während einer 72-Stunden-Aktion eingerichtet. Dafür ein Dankeschön!

Mit dieser St. Jakobus-Kirche besitzt die Gemeinde Rosenberg ein aus dem Spätmittelalter stammendes Jakobspatrozinium. So zeugen die auf dem Weg zur Kirche hinauf stehenden Statuen der Hohenberger Jakobusbruderschaft von durchwandernden Pilgern. Kirche, Friedhof mit Kapelle und Jakobushaus stellen eine gut gefügte Einheit dar. Die Kirche selbst habe ich an diesem späten Nachmittag mehrere Male aufgesucht: So intensiv waren die Eindrücke, die von den ebenfalls von Sieger Köder gestalteten 26 Fenstern, Altar und Ambo ausgingen. Obwohl nur wenig Licht hereinfiel, leuchtete der gesamte Kirchenraum durch die Farbkraft der vor allem in Rot, Blau und auch Gelb gehaltenen Fenster mit ihrer den Kathedralen des Mittelalters entlehnten Thematik. Wie sich überhaupt die gesamte Gestaltung durch eine große Symbolik auszeichnet: rund um den Altar die traditionellen vier Elemente Feuer, Erde, Wasser, Luft; in der Vierung das Labyrinth. Die Kirche selbst ist ein Neubau aus dem letzten Jahrhundert und wurde auf dem Grundriss der alten Basilika neu erbaut. Erhalten geblieben ist das frühere Nordportal und der ursprüngliche romanische Charakter.

Die drei Fenster in der Aussegnungshalle erzählen mit zunehmender Farbintensität vom Sterben und dem Aufbrechen neuen Lebens. Die zwei Giebelwände des Jakobushauses sind ebenfalls mit Wandmalereien von Sieger Köder bedeckt. Auf der Ostwand ist das Pilgerzeichen, die Jakobsmuschel, zu sehen. Darunter befinden sich Szenen aus der Bibel und aus Legenden um den hl. Jakobus, zudem die Darstellung einer rastenden Pilgergruppe und eine Bildgeschichte. Die Westwand ist bedeckt mit Darstellungen zu Sterben und Tod und weist damit auf die angrenzende Aussegnungshalle hin. An der Südwand beim Eingang zum Pilgerhospiz ist eine Pilgergruppe nachgezeichnet. Auffallend auch hier die eigenartig flachen, fast konturenlosen Gesichter, belebt durch den sparsamen Einsatz der Farben.

Mit der inzwischen wieder anwesenden Schwester Friedlinde kam es zu einem kurzen Gespräch. Sie selbst war auch als Jakobspilgerin unterwegs gewesen und berichtete von ihren Erlebnissen. Ließ aber durchblicken, dass es ihr eigentlich nicht so recht gewesen war, von mitwandernden Pilgernden um Rat gebeten zu werden. Wollte sie damit ein tiefer gehendes Gespräch meinerseits abwimmeln? Nichts lag mir ferner! Beim Abendbrot vermisste ich Tassen bzw. Trinkbecher, so dass ich mir mit dem warmen Leitungswasser leider keinen wärmenden Tee aufgießen konnte. Also in Zukunft immer einen leichten Plastikbecher mitnehmen. Die am südwestlichen Hang angelegte Streuobstwiese lieferte mir einige Fallobstäpfel für das ein wenig karge Abendessen (Nüsse und Butterkekse).

Bei untergehender Sonne saß ich noch lange auf der Bank vor dem Hospiz. Es war ein wunderbar friedlicher Abend mit großartiger Aussicht auf das weite Ellwanger Land. Dachte an das, was mir noch bevorstand. Wie schön, gerade hier oben einen Schlafplatz bekommen zu haben! Allmählich lösten sich Berge und Wälder im blaugrauen Dunst auf, die abgeernteten Felder weiter unten verkündeten den nahen Herbst, die Luft war aber noch sehr warm und angenehm. Bei einem letzten Gang über den Berg war nach Süden zu der Jupiter zu sehen und ganz im Westen noch ein wenig Abendrot. Um mich herum eine große Stille, durchflogen von einigen Fledermäusen.

Die vielen Sinneseindrücke ließen mich leider nicht so gut wie eigentlich notwendig schlafen. Am Morgen suchte ich nochmals die Kirche auf, nahm die Schönheit der Fensterbilder im hellen Tageslicht in mich auf und verabschiedete mich von diesem Raum der Stille. Nach Entrichtung meines Obolus ging ich in den Ort, um in der kleinen Bäckerei zu frühstücken. Ich konnte es mir selbst zusammenstellen, wurde sehr freundlich bedient – das ist doch schon einmal ein guter Tagesanfang.

Da der Jakobsweg mir zu sehr in westlicher Richtung verlief, bin ich auf einem anderen ausgewiesenen Wanderweg direkt nach Ellwangen marschiert. Fühlte mich dabei sehr glücklich, genoss die klare Morgenluft, trällerte und tanzte vor mich hin. Welch ein wunderbarer Zustand! Dieser Weg war sehr abwechslungsreich, ging an Höfen und Feldern vorbei und vor allem durch Wald. Manchmal hatte ich Mühe, die ihn markierenden Logos zu finden, war auch ein bisschen müde und unkonzentriert. Sowieso fühlte ich mich schon Tage vor dieser Reise ein wenig überreizt, was sich jetzt deutlich bemerkbar machte. Irgendwann versuchte ich, ganz langsam und konzentriert im Zen-Modus zu gehen. Das stellte sich auf dem nicht immer ebenmäßigen Untergrund als etwas schwierig heraus. Also weiter wie bisher im normalen Wanderschritt.

Wieder einmal war ich allein unterwegs, anderen Wandernden begegnete ich nicht, wo steckten die bloß? Anfangs und später nur noch gelegentlich konnte ich Verkehrsgeräusche von der nicht sehr weit entfernten Straße wahrnehmen, lauschte dem mich begleitenden Vogelgezwitscher. Der Weg war teilweise gut begehbar, teils schmal und uneben mit viel Wurzelwerk und dadurch mehr Aufmerksamkeit verlangend. Es war ideales Wanderwetter: leicht bedeckter Himmel, kein Regen, nicht zu warm. Lediglich Strümpfe und Schuhe waren vom Gang am Morgen durch die große Streuobstwiese noch recht feucht.

Nach etwa zwei Stunden erreichte ich *Ellwangen* und stattete der Basilika St. Vitus einen kurzen Besuch ab. In deren Michaelskapelle befinden sich ebenfalls ein von Sieger Köder gestalteter Altar und zwei Bildfenster. Anschließend ging es mit dem Zug nach *Ulm*. Dort wollte ich vom Stadtrand aus den Oberschwäbischen Jakobsweg bis Oberdischingen erwandern. Vom Zug aus konnte ich im Süden die Silhouette der Schwäbischen Alb ausmachen – ich war meinem Ziel schon recht nahe. In mir breitete sich stille Freude aus. Fragte mich aber auch, bin ich auf dem richtigen Weg? Das würde sich zeigen.

Am Ulmer Hauptbahnhof wollte ich schnell den in Kürze abfahrenden Bus erreichen. Dabei achtete ich nicht auf meine Schritte, rutschte ab und – plautz! – küsste ich sozusagen die harte Bordsteinkante. Mein Rucksack drückte mich hinunter, im Mund spürte ich Zahngriesel. Beim mühsamen Aufstehen schmerzten mich Prellungen und Schürfwunden. Auffällig das absolute Desinteresse der Passanten. Mein erster Eindruck war: Jetzt geht es nicht mehr weiter, meine Pilgerreise ist hier zu Ende. Trotzdem trottete ich zum Bus, allerdings ziemlich geknickt. Der freundliche Busfahrer tröstete mich und ließ mich in den Rückspiegel schauen. Tatsächlich sah ich nicht lädiert oder behandlungsbedürftig aus. Das hob meine Stimmung.

Allerdings fand ich es besser, die Wanderstrecke nach Oberdischingen zu verkürzen und erst in Donaurieden auszusteigen. Während der Busfahrt überprüfte ich meine Wunden, versorgte sie und tippte an den lädierten Zahn. Er hatte sich nicht gelockert und schmerzte nur ein wenig, fühlte sich aber gerader an als zuvor. Na bitte! Was die Kieferregulierung nicht geschafft hatte, das erledigte schnell und kurz eine Bordsteinkante. In Donaurieden machte ich mich auf die Suche nach dem Jakobsweg. Der befand sich auf einem Höhenrücken, leider unbeschattet. Grässlich!

Daher wählte ich zum Weiterwandern einen hangabwärts liegenden Feldweg in der Nähe einiger ihn säumender Bäume. Er endete aber irgendwann am Feldrand. Trotzdem lief ich diesen ›Weg‹ weiter, sozusagen über Stock und Stein, und erreichte am Nachmittag meinen Zielort. Unterwegs meinte die prall scheinende

Sonne es trotz des leicht schattigen Weges recht gut mit mir, mein Gesicht glühte. Als ich dann endlich im Cursillo-Haus St. Jakobus in *Oberdischingen* ankam, freundlich begrüßt von der Hospizhelferin, duschte ich sofort, inspizierte und versorgte nochmals meine Wunden. Auch die gründliche Wäsche einiger Kleidungsstücke stand auf dem Programm. Sie konnte draußen im Garten trocknen, wo ich mich auch ein wenig ausruhte, viel Wasser trank und eine Kleinigkeit aß. Schaute mir dann noch nebenan die auf mich recht überladen wirkende benachbarten Wallfahrtskirche zur Heiligsten Dreifaltigkeit an und hielt eine kurze Andacht.

Das Cursillo-Haus in Oberdischingen ist die erste Pilgerherberge auf dem Oberschwäbischen Jakobsweg, der von Ulm kommend weiter über Biberach und Konstanz nach Einsiedeln führt. Die Cursillo-Bewegung entstand um 1940 in Spanien aus der Katholischen Aktion und der Pilgerschaft für junge Männer nach Santiago de Compostela. Der von dieser Bewegung angebotene Cursillo (kleiner Kurs) ist auf drei Tage beschränkt und soll zu einer dreifachen Begegnung führen: mit sich selbst, mit Jesus Christus als Freund und Bruder, mit anderen Menschen. Es geht also um die Einheit mit sich selbst, mit Gott und den Nächsten. Das Haus selbst wurde 1794 als Franziskanerkloster neben der Kirche errichtet.

Beim Abendbrot saßen mit mir am Tisch zwei ebenfalls allein wandernde Pilgerinnen meines Alters. Nach erstem vorsichtigen Sondieren entwickelte sich ein anregendes Gespräch über eigene Erfahrungen, das Pilgern usw. Später ging ich kurz vor Sonnenuntergang noch auf ›Entdeckungsreise‹ zur Donauniederung mit einem weiten Blick auf eine wenig bewirtschaftete Flusslandschaft. Nach gut durchschlafener Nacht (endlich!) zeigte mir ein Blick in den Spiegel, dass sich im rechten Auge eine Bindehautunterblutung bemerkbar machte, verursacht durch den gestrigen Sturz. Oh Schreck, so etwas hatte ich schon einmal gehabt. Daher benötigte ich eigentlich eine Ruhepause. Ich wollte aber unbedingt weiter, musste allerdings wohl etwas kürzer treten. Na, mal sehen.

Während des Frühstücks unterhielten wir drei Grazien uns wieder gut, es zeigten sich aber bestimmte Unterschiede in unserem Selbstverständnis. Es ging um die Frage der persönlichen Identität. Die beiden Mit-Pilgerinnen sahen sich vor allem als Hausfrau, Mutter und auch Großmutter. Da habe ich mich anders verortet: Mein Selbstverständnis bezog ich vor allem aus meiner Tätigkeit als Sozialforscherin, meine kleine Familie gehörte einfach dazu. Es rief zunächst ungläubiges Erstaunen hervor, dann Interesse. Das tat mir trotz meines gern gepflegten Understatements gut, fühlte ich mich vorher doch etwas abschätzig behandelt – vielleicht weil ich noch nicht soviel Pilgererfahrungen vorweisen konnte?

Für diesen Tag und den nachfolgenden Samstag hatte ich eigentlich zwei längere Wandertouren mit einer Übernachtung auf dem Weg nach Urach als dem eigentlichen und eher privaten Zielort meiner Pilgerreise eingeplant. Doch plagten mich meine Verletzungen zu sehr, ich musste die Wanderzeit erheblich verkürzen und mehr öffentliche Verkehrsmittel benutzen. Zunächst fuhr ich mit Bahn und Bus bis Mettstetten, wo mir die hilfsbereite Busfahrerin den Wanderweg nach *Münsingen* beschrieb. Der gut zehn Kilometer lange ebene Weg verlief in landschaftlich sehr schöner Umgebung und abseits von Verkehrsstraßen, war aber zumeist asphaltiert. Unterwegs begegnete mir sogar eine kleine Wandergruppe. Die Logos waren wie üblich oft unübersichtlich platziert, sodass ich vor Münsingen vom Weg abkam und auf der Hauptstraße weiterlaufen musste. Es war heiß, staubig, laut, die Straße zog sich in die Länge, kurzum: ein recht unangenehmes Gehen.

Erst wollte ich in Münsingen pausieren, um am nächsten Tag wieder eine Strecke zu laufen. Dann zog ich es aber vor, den Bus direkt nach *Bad Urach* zu nehmen. Dort angekommen, fand ich schnell eine angenehme und nicht zu teure Unterkunft mit Loggia und schönem Blick auf die Burg. Ein Rundgang durch den Ort brachte mich auch zur St. Josef-Kirche mit dem ebenfalls sehenswerten dreiflügeligem Altarbild von Sieger Köder. Die beiden Seitentafeln stellen eine Verbindung her zum Namenspatron der Kirche: Der linke Flügel nimmt als Thema den Traum vom Josef des Alten Testaments auf; vor ihm bzw. seiner Garbe verneigen sich die seiner Brüder. Auf dem rechten Flügel ist der Traum von Josef aus dem Neuen Testament zu sehen, nach dem er Maria zu seiner Frau nehmen soll. Die mittlere Bildtafel stellt das neue Jerusalem dar, u. a. mit der Figur Johannes des Sehers. Eine andere Sequenz zeigt das Unterwegssein der Völker und Nationen auf dem Jakobspilgerweg. Weiter sind das Urpaar Adam und Eva dargestellt, so in Begleitung von Louis Armstrong und einer dunkelhäutigen Mutter mit Kind. Die auch hier zunächst flach erscheinenden Gesichter wirken nach näherer und intensiver Betrachtung aber sehr ausdrucksstark.

Am nächsten Morgen suchte ich einen Notarzt auf, denn mein rechtes Auge war inzwischen ›zugeblutet‹. Das machte mir doch einige Sorgen, von den körperlichen Schmerzen einmal abgesehen. Mir wurde Ruhe empfohlen, das Auge war ansonsten in Ordnung. Allerdings hielt der Arzt eine intensivere Untersuchung nicht für nötig, reklamierte aber meinen etwas zu hohen Blutdruck. Trotzdem war ich erleichtert. Vorher, d. h. während des Frühstücks, war es in der Pension zu einem anregenden Gespräch mit einer Urlauberin gekommen. Thema wieder einmal: Allein unterwegs. Sie erzählte von ihrer Kindheit in der Nähe ausgedehnter Waldgebiete irgendwo in der ehemaligen DDR. Dort konnte sie viel wandern und herumstreifen, allein. War ganz bei sich, fühlte sich nie einsam, empfand die Natur als großen Rückhalt.

Abends besuchte ich den Gottesdienst in der St. Josef-Kirche und war dankbar, es einigermaßen unbeschadet bis hierher geschafft zu haben. Das anschließende Wiedersehen mit einem lange nicht gesehenen Menschen und der sehr freundliche Empfang taten gut. Dafür danke! Zwei Tage später (der Sonntag war der dringend notwendig gewordenen Erholung gewidmet) trat ich dann in Ruhe und Freude die Heimfahrt an. Unterwegs spürte ich allerdings zunehmende Schmerzen vor allem im Brustbereich. Doch maß ich dem (noch) keine Bedeutung bei.

Hat sich nun das Experiment einer Pilgerfahrt von einem spirituellen Ort zum nächsten ins Positive wenden können? Teils, teils. So war meine kontemplative Kraft bereits in Würzburg ziemlich erschöpft, regenerierte sich aber mit dem Besuch des Augustinerklosters. Daher konnte ich mich voll Freude und Gelassenheit nach Münsterschwarzach auf den Weg machen. Ist es doch beim Pilgern wichtig, sich Stresssituationen aussetzen zu können und zu absorbieren. Gut getan haben mir im weiteren Verlauf der Reise die täglich gelesenen Sentenzen aus dem Büchlein der Gertrud von Helfta. Ich nahm mir vor, bei weiteren Pilgerfahrten begleitende Texte als geistige Übungen auf mich wirken zu lassen.

Interessant fand ich im Nachhinein die Begegnung mit zwei unterschiedlichen Labyrinthen (Hohenberg und Münsterschwarzach). Ist nicht jedes Labyrinth auch als verdichteter Pilgerweg zu sehen? Und im Gegensatz zum gartenarchitektonisch gestaltetem Labyrinth geht es im christlichen immer nach vorne, bis in die Mitte, um von dort befreit zurück an den Anfang zu kommen. Doch wird in der Mitte das Ziel erreicht oder erst am Ausgangspunkt? Führt der Weg zu einem vermeintlichen Ziel, zu einer antizipierten Erkenntnis? Oder wird das Ziel nie erreicht? Besonders das Labyrinth in Münsterschwarzach hatte es mir angetan: Ich erreichte die Mitte, ging zurück zum Ausgangspunkt. Stellte später beim Überlesen meiner Aufzeichnungen fest, dass diese Pilgerfahrt tatsächlich für einen Aufbruch steht, der alte und längst verheilte Narben wieder aufreißen ließ.

Wer sich am Ziel glaubt, geht zurück

Als ich diesen unterwegs notierten Spruch von Laotse erneut las, brachen urplötzlich Gedanken und Erkenntnisse durch, die mich total verstörten und mich mit einem Wust von Fragen regelrecht abstürzen ließen: Bin ich am Ziel dieser Reise angekommen? Zu was und warum bin ich gepilgert? Habe ich mich im Kreis bewegt? Bin ich in ›meinem‹ Labyrinth verloren gegangen? Nach anfänglichem Zustand von Freude und Gelassenheit kamen starke Zweifel auf: Fehlten mir Glaube und Vertrauen? War ich in die Irre gegangen? Immer wieder tauchten in der Erinnerung an das Labyrinth mit seinen versperrten Wegen bedrückende Gedanken und Stimmungen auf, musste ich erneut das Ziel anstreben. Eigentlich ging ich zwei Schritte vor und einen zurück, es wechselten Helligkeit und Dunkelheit, Wohlbefinden und schmerzhafte Traurigkeit. Gleichzeitig machten sich in zunehmendem Maße durch den Sturz verursachte Beschwerden im Sternumbereich bemerkbar: leichte Schmerzen, starker Druck, eingeschränktes Atmen, Niedergeschlagenheit bis hin zu Weinkrämpfen. Das verstörte mich sehr, ich sah aber keinen Zusammenhang mit dem Sturz. Hatte eher das Gefühl, in eine Lebenskrise zu schlittern. Was war nur mit mir los? Wie kann eine banale Unachtsamkeit solche Folgen haben?

Das in meiner Vorstellung nunmehr erdrückende Labyrinth stellte sich mir als ein symbolhafter Pilgerweg im Pilgerweg dar und konfrontierte mich mit der Unachtsamkeit mir selbst gegenüber, den Irrwegen, Fehlentscheidungen, der Schuld und Trauer in meinem Lebensweg. Dessen Krümmungen und Querungen mir die vermeintliche Inkompatibilität gegenüber ›geraderen‹ Lebenswegen deutlich machte. In der Reflexion meines Lebenspilgerwegs traten vor allem die Verletzungen hervor, die ich anderen zufügte und weniger die mir angetanen. Schwer, das auszuhalten nach einer doch wohltuenden und sinnstiftenden Pilgerfahrt: sich mit dem Dämon belastender Erinnerungen auseinanderzusetzen. Tatsächlich habe ich in der Fokussierung auf mein vermeintlich so schuldhaftes Verhalten eine seit langem mir gegenüber bestehende Schuld verdrängt.

Doch warum empfand ich mich nach einer eigentlich doch recht wohltuenden Pilgerfahrt so absolut unzulänglich? Ist es nicht so, dass jede Kreatur ihren gottgeschenkten Wert hat, der geachtet werden sollte, wie Gertrud von Helfta betont. Nicht immer an das eigene Versagen denken, sondern auf die göttliche Liebe vertrauen. Wie erhalte ich die Fähigkeit zurück, mein Lebenslabyrinth zu absorbieren, zu durchwandern und den ›blauen Himmel‹ wieder über mir zu erkennen? Meine Gedanken gehen zwar in die Weite, nehmen die positiven Aspekte auf und geben Kraft zu neuen Aufbrüchen. Doch wie bei einem Initiationsritus habe ich wohl eine Passage zu durchschreiten und muss die Konfrontation mit meinem Selbst kathartisch bewältigen.

Abb. 3: *Jakobuskirche Hohenberg*
Foto: Bernd Haynold

Eifel-Wege

Gerhard-Richter im Kölner Dom
Das alte Tolbiacum: Zülpich
Bruder Klaus Kapelle Wachendorf
Kloster Maria Laach

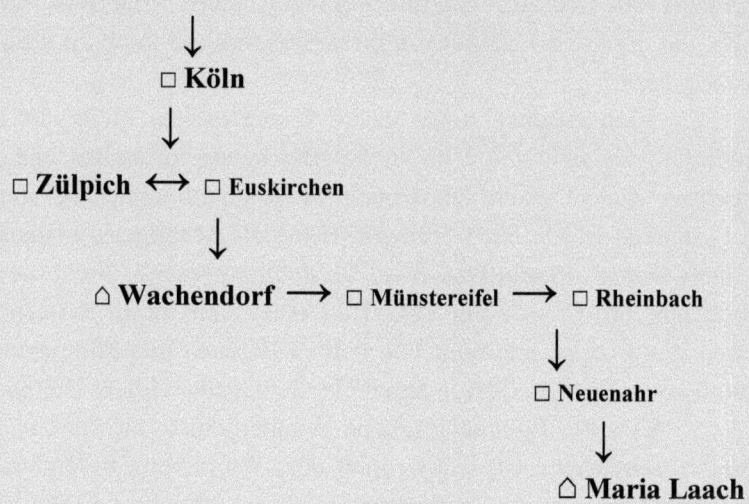

Der Pilger geht um des Gehens willen.
Er geht nicht, um anzukommen,
sondern er geht, um zu gehen.
Der Schritt wird zum Fokus der inneren Sammlung.
Willigis Jäger

Im ›Goldenen Oktober‹

wollte ich noch einige schöne Herbsttage für eine Pilgerreise durch die Nordeifel nutzen. Was war diesmal meine Intention, wo sollten die Schwerpunkte liegen? Ich nahm mir vor, auf jeden Fall das Gerhard-Richter-Fenster im Kölner Dom anzusehen und die Bruder-Klaus-Kapelle in Wachendorf zu besuchen. Noch immer aber fühlte ich mich in meinem Labyrinth gefangen. Statt der erhofften befreienden Katharsis bestanden weiterhin Blockaden, ragten die hochgewachsenen Wände des Labyrinths immer wieder vor mir auf. War die vorangegangene Pilgerreise doch ein Irrweg? Sollte ich, um derartige Erfahrungen zu vermeiden und mich zu schützen, überhaupt nicht mehr pilgern?

Ich entschied mich für das Weitermachen. Nicht, um der Problematik davonzulaufen, vielmehr mich ihr in der Bewegung zu stellen und mit ihr auseinanderzusetzen. Zudem wollte ich diesmal nicht ausschließlich bei mir selbst sein. In meinen Gedanken würde mich Freundin Beate als Mitpilgerin begleiten. Auch wenn sie mir nicht immer präsent war, blieb sie doch anwesend. Nicht nur beim Wandern assoziierte ich ihre Gestalt mit dem Bild eines von ihr in aufrechter Haltung beschrittenen Waldweges, umsäumt von lichten Bäumen und Sträuchern in verschiedenen Grüntönen. Von oben flirrt Sonnenlicht, geradeaus schließt Helligkeit den Raum.

Da die Eifel sehr schöne Wandergebiete aufweist und zum Teil von Pilgerwegen durchzogen ist, lockte mich eine Wanderung besonders im Herbst mit seinem bunten Farbenspiel. Als spirituell wichtige Stationen wählte ich als erstes den alten Wallfahrtsort Köln mit Dom und Reliquienschrein der Heiligen-Drei-Könige. Mein Besuch aber galt dem neuen Südquerhausfenster von Gerhard Richter. Nächste Ziele waren die Römerstadt Zülpich mit ihren historischen Bezügen zur Jakobspilgerschaft, gefolgt von der Bruder-Klaus-Kapelle in Wachendorf und dem Benediktinerkloster Maria Laach, an dem der Jakobsweg von Bonn zur Mosel vorbeiführt. Für Maria Laach plante ich einen zweitägigen Aufenthalt, um dann die Heimfahrt anzutreten. Spirituell sollten mich Gebete des hl. Franziskus begleiten.

Erste Pilgerstation war also der *Kölner Dom* mit dem von Gerhard Richter gestalteten Südquerhausfenster. Darauf freute ich mich schon lange, erinnerte ich mich doch an die 1974 gefertigte Vorlage *4096 Farben* in der Düsseldorfer Ausstellung von 2005. Exakt zur Mittagszeit, nach dem Ende der 12-Uhr-Messe und dem mir noch zuteil gewordenen Schlusssegen, nahm ich dem Fenster gegenüber Platz. Trotz der vielen durch den Dom ziehenden Besucher fand ich genügend Ruhe, mich ganz auf das Fenster und seine mich nahezu überwältigende Farbkomposition zu konzentrieren. Der wolkig-sonnige Tag mit seinem etwas abgeschwächten Licht ließ die vielen Glaspartikel des Fensters intensiv aufleuchten. Ein ganz besonderes Erlebnis war die Wanderung der Sonne durch das Fenster im oberen Drittel. Beim schräger werdenden Lichteinfall bildeten sich im Raum des Querflügels Lichtstrahlen in den Farben des Regenbogens. Sehr symbolisch die farblich abgestimmte Gliederung: Grün und Gelb als Vegetationsmerkmale in der unteren Bildsequenz vorherrschend, darüber der hohe lichte Raum mit seinem Farbenspektrum und dann das Blau des Himmelsraumes.

Der in Köln lebende Maler Gerhard Richter wurde 2003 vom Domkapitel um einen Entwurf für ein neues Südquerfenster gebeten. In Anlehnung an die oben genannten Farblehrbilder setzte er Quadrate in 72 Farben zusammen und orientierte sich dabei an der Farbgestaltung der anderen Domfenster. Ein Zufallsgenerator steuerte die Verteilung der Hälfte aller farbigen Gläser auf die Fensterfläche unter Nutzung des Spiegeleffekts. Eine asymmetrische Spiegelung wurde dagegen im Maßwerkbereich gewählt und lässt die komplizierte Geometrie magischer erscheinen als in den anderen Fenstern. Dank seiner spezifischen Farbkomposition und seiner wechselhaften Lichtentfaltung ist keine allgemeingültige Ordnung entstanden. Vielmehr wird ein weiter Raum mit individuellen Deutungsmöglichkeiten offeriert.

Auf der anschließenden Zugfahrt nach *Euskirchen* wechselten bei mir erneut Stimmungen und Erkenntnisse. So stellte ich endlich einen möglichen Zusammenhang her zwischen meinem Sturz in Ulm und meinen depressiven Momenten. Meinte auch einen Symbolcharakter meiner physischen Verletzung in Bezug auf den später erfolgten emotionalen Absturz zu erkennen. Oder habe ich diesen nur konstruiert? Es wechselten wieder einmal Intervalle von Traurigkeit, Schmerz, Vertrauen und Zuversicht. Kurzum – ich befand mich in einem Wechselbad der Emotionen. Andererseits war ich inzwischen soweit, meine Achtsamkeit und Spiritualität während des Pilgerns nicht nur auf meine Person zu konzentrieren. Ich konnte mich inzwischen wieder mehr den Menschen aus meinem Umfeld zuwenden und sie einbeziehen. Mein Ich in den Hintergrund treten lassen.

Von Euskirchen wanderte ich gut 13 Kilometer nach *Zülpich*, zunächst durch eine Parkanlage. Später leitete der Weg über in einen anfangs auf mich eintönig wirkenden Radwanderweg durch die Zülpicher Börde. Für die Jahreszeit war es recht heiß, fast zu heiß. Kein Schatten, staubig. Später wurde der Weg angenehmer, führte zum Teil an schmalen Wasserläufen entlang. Schön war der Wanderpfad am Zülpicher See mit seinem im Sonnenlicht blinkenden Wasser direkt in den Ort hinein. Meine etwas erschlafften Lebensgeister erwachten wieder. Ich musste an das ausführliche Gespräch mit meinem Sohn denken, der mir (!) eine kleine Lebenshilfe mit auf den Weg gab: cool bleiben, abwarten, nichts erwarten. In Zülpich fand ich dann schnell ein etwas teures Hotel (das einzige am Ort?), wo ich mir sofort ein großes Glas Milch bestellte – ein Genuss! Das wollte ich in Zukunft immer so handhaben. Leider war das Frühstück am nächsten Morgen grottenschlecht, wurde mir auch recht lieblos serviert.

Bevor es weiterging, suchte ich zunächst die St. Peter-Kirche auf, deren ursprünglich romanischer Bau in den letzten Kriegsjahren zerstört wurde. Sehenswert sind außer der Krypta die beiden Antwerpener Schnitzaltäre. Dann spazierte ich noch durch die Altstadt mit der alten Stadtmauer und den römischen Thermen. Im Rathaus freute sich der zuständige Mitarbeiter sehr über mein Interesse und gab mir ausführliches Material zur Zülpicher Geschichte und seiner ehemaligen Bedeutung als Schnittpunkt zweier Handelsstraßen und Pilgerwege. Unter dem Namen Tolbiacum (vermutlich keltischer Herkunft) entstand dieser Ort im ersten Jahrhundert n. Chr. Hier kreuzten sich die seinerzeit wichtigen Römerstraßen von Trier nach Xanten und von Reims nach Köln. Auf diesem Weg dürfte auch der hl. Norbert, Gründer des Prämonstratenserordens, auf seinen Wegen in Richtung Osten unterwegs gewesen sein, u. a. vorbei an der Benediktinerabtei Prüm.

Im Mittelalter gewann Zülpich Bedeutung als Transitort der vor allem von Köln kommenden Jakobspilger. Die Verbindung Köln über Trier oder Reims nach Santiago de Compostela gilt als ältester und kürzester Pilgerweg aus dieser Region. Ebenso durchquerten Zülpich Pilgernde, die zum Grab des hl. Willibrord (Apostel der Friesen und Gefährte des Bonifatius) in Echternach oder dem des hl. Matthias in Trier unterwegs waren (und noch sind). So befindet sich auch eine aus neuerer Zeit stammende Matthias-Stele an der Römerstraße nach Trier. Für die Verehrung des hl. Jakobus stehen zudem die Antwerpener Schnitzaltäre der St. Peter-Kirche mit dessen Darstellung. Auch die alte Martinskirche war eng mit dem Jakobskult verbunden und hieß laut einer Quelle aus dem 17. Jahrhundert im Volksmund Jakobskirche.

In den Klöstern der Zülpicher Umgebung und entlang der alten Römerstraßen fanden Pilgernde eine willkommene Herberge. Für kranke Pilger und überhaupt für durchreisende Fremde stifteten Zülpicher Bürger im 14. Jahrhundert ein Hospital. Dessen Kapelle, die so genannte Gasthauskapelle, besteht noch heute und ist ein weiterer Hinweis auf die in Zülpich praktizierte Hospitalität. Mit der infrastrukturellen Veränderung seit dem 15. Jahrhundert verminderte sich allerdings die Bedeutung der durch Zülpich führenden Pilgerwege.

Da der Weg nach Mechernich mir nicht so zusagte, fuhr ich mit dem Bus wieder zurück nach Euskirchen und von dort weiter nach *Kreuzweingarten*. Von hier aus durchwanderte ich ein lang gestrecktes Waldstück, vorbei an einem Römerwasserwerk zur kleinen Wallfahrtskapelle *Maria Rast*, auch als *Schönstattkapelle* bekannt. Auf dem Weg dorthin berichtete mir eine Passantin von einer anderen Wanderin in Richtung Wachendorf: Vielleicht würde ich sie ja irgendwo treffen! Die Kapelle wurde 1950 als originalgetreue Nachbildung des Urheiligtums von Schönstatt in Vallendar bei Koblenz errichtet. Sie ist Teil der Bildungs- und Begegnungsstätte der Schönstätter Marienschwestern und soll allen dort Verweilenden auf ihrer Wanderschaft nicht nur ein Rastplatz sein.

Dort angekommen, fand ich in ihrem Innern Zettel für Fürbitten. Ich bat um mehr Vertrauen gegen die immer wieder aufkommenden Zweifel an mir selbst und meinem Tun und entzündete ein Kerzenlicht. Nach der kurzen stillen Einkehr und einem kleinen Imbiss ging es weiter auf Feld- und Wiesenwegen durch feuchtes Gelände in Richtung Wachendorf. Doch irgendwie kam ich von dem von mir ausgesuchten Wiesenweg ab und landete im Dörfchen Kalkar. Es waren kaum Bewohner zu sehen, die ich nach dem Weg fragen konnte. Na, es begegnete mir dann doch noch eine Spaziergängerin mit Hund, die mich wieder zurück in die Wiesenlandschaft auf den richtigen Weg schickte. Unterwegs suchte ich kurz eine etwas abseits stehende, aber am Weg liegende dörfliche Kirche auf.

In *Wachendorf* angekommen, gab es leider keine Hinweisschilder auf die *Bruder-Klaus-Kapelle*. Auch keine Anzeichen auf eine wie auch immer geartete pilgermäßige Infrastruktur, obwohl der Andrang besonders an den Wochenenden erheblich sein soll. Das weist ja wohl auf ein ziemliches Desinteresse in der Bevölkerung hin. Tatsächlich ist die Akzeptanz dieses spirituellen Objekts in Wachendorf sehr niedrig. Der private Erbauer, ein ortsansässiger Landwirt verlor durch seine

Initiative sogar an Ansehen und Akzeptanz. Er stiftete diese Kapelle als Dank für ein »geglücktes Leben«. Auch die vielen Besucher werden eher negativ beurteilt, bringen sie doch Unruhe, Lärm usw. Schade, dass nicht das Positive gesehen wird.

Das auch als *Eifel-Kapelle* bekannt gewordene fünfeckige Bauwerk befindet sich außerhalb des Dorfes in westlicher Richtung auf einer Anhöhe. Es wurde in einem langjährigen Gestaltungsprozess vom Schweizer Architekten Zumthor entworfen. Der einem Prisma ähnelnde, zwölf Meter hohe Baukörper aus Stampfbeton ist fensterlos. Der Andachtsraum verjüngt sich nach oben und ist zum Himmel offen mit einer schmalen Luke und einem metallenen Rand als Symbol Gottes. Licht erhält die Kapelle zusätzlich durch in die rauchgeschwärzten Wände eingelassene kleine Glashalbkugeln. Das lässt den Raum wie einen Sternenhimmel aussehen. Der anfangs noch offene Eingang erhielt später eine als Dreieck geformte Metalltür. Inzwischen soll es im Innern der Kapelle eine kleine Bank, einen Kerzenständer und eine Figur des hl. Nikolaus von der Flüe, dem Namenspatron, geben.

Bei meiner Ankunft sah ich schon von weitem jemand auf der Rundbank vor der Kapelle sitzen, deren Eingang verschlossen wirkte. Am Zufahrtsweg hing ein Schild mit dem Hinweis, dass die Kapelle montags nicht geöffnet sei. Neiiin!! Das durfte nicht wahr sein! Ich war entsetzt, enttäuscht, verärgert. Da habe ich als wichtiges spirituelles Ziel diesen Ort ausgesucht und stehe vor abgeriegelter Tür! Ist die Kapelle ein Museum? So weit ich mich erinnerte, wies im Internet nichts auf den Montag als ›Ruhetag‹ hin. Meine Enttäuschung konnte ich nach einer Weile relativieren – gehören zum Pilgern doch auch derartige Erfahrungen. Trotzdem: Dieser Raum war mir verschlossen. Stand das vielleicht symbolhaft für eine später von mir als solche wahrgenommene Verurteilung und Zurückweisung? Diese Frage sollte mich in den nachfolgenden Wochen und Monaten beschäftigen und belasten, zu sehr.

Die auf der Bank sitzende Wanderin war ebenfalls enttäuscht, sie kannte allerdings bereits die Kapelle und beschrieb mir den inneren Raum. Übrigens war sie diejenige, von der mir die Anwohnerin in Kreuzweingarten erzählte. Obwohl ich nur den äußeren Raum in mich aufnehmen konnte, beeindruckte mich das Bauwerk außerordentlich. Ragt es doch wie ein Felsbrocken empor, Kraft vermittelnd, spirituell berührend. Mit der Wanderin aus Bonn, die für ihren Wanderverein unterwegs war, entwickelte sich eine anregende Unterhaltung. Sie schlug mir vor, doch in ihrer Begleitung bis Eschweiler und dann allein weiter nach Bad Münstereifel zu wandern. Dieser Weg wäre eindeutig kürzer und auch landschaftlich schöner als der direkte durch die Ebene.

Nach einigem Überlegen und genauem Kartenstudium fand ich die Idee rundum gut. Tatsächlich führte uns dann dieser Weg durch eine herbstlich bunte Wald- und Wiesenlandschaft mit gut zu laufenden Wegen bei sonnigem Wetter. Also durch viel Natur. Unterwegs haben wir uns weiterhin gut unterhalten und nahmen bei Eschweiler herzlich voneinander Abschied. Ich stellte allerdings beim Weiterwandern fest, dass ich in Begleitung deutlich weniger intensiv auf die Umgebung achte, die Sinne nicht so beteiligt sind, ich vom spirituell-kontemplative Erleben weniger spürte. Also doch: besser allein wandern und nur gelegentlich in Begleitung. Dachte auch daran, dass Freundin Beate dieser Weg bestimmt gut gefallen hätte.

Für die Wanderung nach *Bad Münstereifel* hinüber gab es drei Optionen. Leider entschied ich mich für die wesentlich längere und letztendlich anstrengendere Variante: Ich überquerte nicht den Höhenrücken, sondern umrundete ihn entlang der dahinfließenden Erft. Kein Straßenlärm störte mein besinnliches Dahinwandern, nur das Rauschen des Wassers und einige Vogelstimmen waren zu hören. In Richtung Münstereifel marschierte ich dann dummerweise den Radweg direkt an der Bundesstraße entlang. Schrecklich. Bin dann im Ort recht erschöpft angekommen, unternahm aber sofort einen Rundgang durch den mittelalterlichen Stadtkern mit seiner gut erhaltenen Mauer.

Zwischendurch hielt ich Ausschau nach einer Übernachtungsmöglichkeit, ergebnislos. Besuchte auch die 1100 erbaute Stiftskirche St. Chrysanthus und Daria. In einer Buchhandlung fand ich endlich eine vernünftige Wanderkarte von der Nordeifel. Nach einem genauen Studium des Wegenetzes verabschiedete ich mich von meiner ursprünglichen Planung, das Kloster Maria Laach von Münstereifel aus zu erreichen. Ich lief dann nur noch voller Fatalismus durch die Straßen und dachte über eine andere Lösung nach. Bei einer Verschnaufpause am Bahnhof stand mein Entschluss fest, mit dem Zug nach Rheinbach zu fahren. Dort wollte ich übernachten, um am nächsten Tag in Bad Neuenahr auf den von Bonn kommenden Jakobsweg zu treffen.

Bei meinem Eintreffen in *Rheinbach* war es schon ziemlich dunkel, in einem Hotel fertigte man mich schnöde ab (wieder einmal der Rucksack?). Schließlich fand ich doch noch ein kleineres freundliches Hotel in Bahnhofsnähe. Welch ein

Glück! Sah ich mich doch schon auf einer Parkbank nächtigen. Nach einem guten Abendessen und einem Glas Kölsch im Hotel ließ ich den anstrengenden Tag Revue passieren. Wieder einmal war ich aufgehoben gewesen, wusste mich gut geleitet.

Am nächsten Morgen studierte ich am Rheinbacher Bahnhof die Fahrpläne von Bus und Bahn. Ein hilfsbereiter Busfahrer meinte, um nach Neuenahr zu kommen, sollte ich bis Meckenheim mit dem Zug fahren und von dort mit dem Bus. Während der Busfahrt hatte ich das Gefühl, endlos unterwegs zu sein. Raum und Zeit hoben sich auf. Ich konnte mich fallen lassen und ohne Anstrengung die Präsenz göttlicher Liebe spüren. Das ist immer wohltuend und gibt Kraft. Im schönen *Bad Neuenahr* lief ich ein Stück an der Ahr entlang. Ließ dabei die harmonische Stadtarchitektur auf mich wirken. Beim Kurpark überquerte ich den Fluss – und war schon auf dem Jakobsweg. Er führt über Oberzissen und Wehr an Maria Laach vorbei in Richtung Mayen und weiter zur Mosel.

Auf dem gut ausgeschilderten Jakobsweg, zugleich ein ›normaler‹ Wanderweg, marschierte ich zunächst über den Neuenahrer Berg. Weiter ging es durch den Königsfelder Wald in Richtung Schalkenbach. Wieder war ich allein unterwegs. Gelegentlich waren Forstarbeiter zu sehen oder zu hören. Es ging ein wenig bergauf und bergab durch eine schöne Waldlandschaft mit für die Füße angenehmen Wegen. Hier konnte ich wieder einmal meine Gedanken laufen lassen, intensiv an Beate denken. Hinter Schalkenbach kam der Stucksberg, dann durchquerte ich einige kleinere lang gestreckte Ortschaften.

Vor *Oberzissen* verließ ich am späten Nachmittag den Jakobsweg, um mir im Ort ein Quartier zu suchen. Das heißt ich versuchte es, was nicht so einfach war. Sprach mit einigen Leuten auf der Straße. Eine Passantin meinte, hier gäbe es kein Hotel oder eine Pension. Andere sagten, ganz weit draußen sei etwas zum Übernachten: einmal eine Art Landpension, dann hätte jemand eine Ferienwohnung auf dem Weg dorthin zu vermieten. Hörte sich aber alles ziemlich vage an. Ich zockelte trotzdem weiter, ging in der besagten Straße hin und her und hielt Ausschau. Da fragten mich an der Ecke miteinander tratschende Nachbarn, was ich denn suchen würde. Kurzum: Nur etwa 200 Meter die kleine Straße hinauf in Richtung Burg Olbruck befand sich die fragliche Pension auf einem Bauernhof. Für 20 Euro bekam ich ein Nachtquartier mit Frühstück und herrlich weiter Aussicht über das Land. Welch eine Erleichterung, ein Bett für die Nacht gefunden zu haben! Denn ich war inzwischen recht müde und hungrig dazu, benötigte auch endlich Ruhe. An dieser Stelle möchte ich ausdrücklich die Freundlichkeit der Eifelbewohner loben. Manchmal habe ich nur etwas gefragt, um ins Gespräch zu kommen.

Nach einer kleinen Ruhepause ging ich nochmals in den Ort hinunter zu einer kleinen Mahlzeit. Danach fühlte ich mich deutlich besser, war auch mental gut drauf. Leider war die Kirche verschlossen, Gottesdienste fanden in Oberzissen nur noch alle paar Wochen statt, wie inzwischen in so vielen Gemeinden. Darüber beklagte sich in einem späteren Gespräch auch die Pensionswirtin Frau Basche. Zurück in meinem Zimmer machte ich es mir für den Rest des Abends so richtig als ›couch potato‹ mit etwas Süßem und alten Zeitschriften aus dem Aufenthaltsraum gemütlich. Beim Studieren der Wanderkarte stellte ich dann fest, dass nicht weit von der Landpension der Jakobsweg vorbeiführte. Das überraschte auch Frau Basche, deren Gäste oft diesen Weg nach Maria Laach für eine Tagestour nutzten.

So zog ich dann am folgenden Tag nach einem guten ländlichen Frühstück bei feuchter Wetterlage los in Richtung Maria Laach. Zweimal leiteten mich zugewachsene Wegzeichen in die Irre. Wie schon zuvor, führte der Weg durch Waldgebiete mit teilweise wegen Schotters schlecht zu begehenden Wegen. Ich war froh, noch im Oktober einen Teil der Eifel als Pilgerin durchwandern zu können. Der Herbstwald zeigte sich wieder einmal in den schönsten Farben, all die Tage fiel kein Regen, die Sonne meinte es noch gut, war aber nicht dauerhaft zu heiß.

Dass ich wieder allein unterwegs war, keine anderen Wandernden traf, brauche ich eigentlich nicht mehr zu erwähnen. Einmal kam es zu einer etwas merkwürdigen Begegnung mit zwei jugendlichen Autofahrern im Wald, die aber freundlich grüßten. Es ging immer mehr bergab auf zum Teil sehr schattigen und daher auch rutschigen Wegen hinunter zur Rheineifel. Dadurch waren die Beinmuskeln ziemlich angespannt, kündigte sich schon ein kleiner Muskelkater an. So ist das, wenn Flachländer nur ab und zu in den Bergen herumstrolchen.

Schon bald erreichte ich die Ortschaft *Wehr*, hier beobachtete ein freundlich-interessierter Autofahrer meinen Weg, fragte, ob ich den Jakobsweg entlang wandern würde und meinte, auf diesen würde ich wieder bei der nächsten Querstraße treffen (ich war auf Empfehlung eines Passanten abseits der Hauptstraße gelaufen). Eine derartige Aufmerksamkeit zeugt doch von ziemlicher Empathie für

Pilgernde und ist wohltuend. Am Ortsausgang befindet sich am Weg nach Maria Laach die St. Anna-Kapelle, von dort ist schon der Laacher Forst zu sehen.

Nach einem kurzen Aufenthalt in der Kapelle meiner Namenspatronin war ich endlich auf der Zielgeraden nach *Maria Laach*. Von den Bergen zogen Nebelschwaden herunter, senkten sich tiefer und gingen in Nieselregen über. Nun musste ich nur noch die Autobahn unterqueren und in südöstlicher Richtung den Wald ansteuern. Von dort gibt es mehrere Wege zum Kloster hinunter. Einer davon, mehr eine Auswaschung, war mit dem Muschellogo gekennzeichnet und führte steil hinunter. Sollten hier Pilgernde noch einen Härtetest bestehen oder hatte sich jemand einen Scherz erlaubt? Als ich an der Klosterpforte ankam und kurz darauf durch den Gastpater Viktor begrüßt wurde, war es ungefähr halb zwölf. Diesmal bekam ich ein hell eingerichtetes und dadurch freundlich wirkendes Zimmer. Dank der frühen Ankunft konnte ich noch an der Mittagshore teilnehmen und anschließend ein gutes Mittagessen in freundlicher Atmosphäre genießen. Danach gab mir ein wohlverdienter kurzer Mittagsschlaf neue Kraft.

Die heutige Benediktinerabtei Maria Laach wurde zwar schon 1093 gegründet, aber erst 1216 nach langjähriger Bautätigkeit fertig gestellt. Die sechstürmige Klosterkirche, eine gewölbte Pfeilerbasilika, gilt mit dem Paradies im Westeingang als eine der schönsten romanischen Bauwerke aus der Salierzeit. Das Kircheninnere wurde im 17. Jahrhundert barockisiert und dem Zeitgeist angepasst. Wie bei vielen anderen Klöstern brachte die Säkularisierung 1802 auch die Schließung von Maria Laach mit sich. 1892 kam es zu einer Neubesiedlung durch Benediktiner aus der Erzabtei Beuron. Gleichzeitig erhielt die Kirche eine neue Innenausstattung.

Im Gegensatz zu meinem früheren Besuch waren diesmal auffällig viele jüngere Männer Gäste des Klosters, wie ich beim Nachmittagskaffee feststellte. Die Hauptmahlzeiten nahmen sie, wie hier üblich, zusammen mit den Mönchen im Refektorium ein. Der Jüngste, ein 17jähriger Gymnasiast mit klaren beruflichen Vorstellungen (Lehramt als Beamter) und oft als Wortführer auftretend, war sehr auf Sicherheit bedacht. Über eineinhalb Stunden unterhielten wir uns über alles Mögliche: Latein- und Griechischunterricht in der Schule, ethische Fragen zur Wirtschaft u. a. m. Unsere Gesprächsrunde hatte sich um einen Tisch am Fenster mit Ausblick zum Garten gruppiert. In einer anderen Ecke des Raumes hielt sich eine Exerzitiengruppe schwarz gekleideter Priester in bewusster Abschottung auf. Das wirkte auf mich ziemlich beklemmend.

Bis zur Vesper hatte ich noch Zeit für besinnliche Momente, konnte freier atmen, mich ausruhen. In mir spürte ich mehr Weite und war fähiger, den Ring der Anspannung um meine Seele ein wenig zu lockern. Für wie lange? Mehr und mehr verdichtete sich die Erkenntnis, dass ›mein Labyrinth‹ mit dem Sturz in Ulm und der im Brustbereich zugezogenen Stauchung zusammenhängen, meine mentale Verstörung also physischen Ursprungs sein könnte. So nahm ich mit befreiteren Gefühlen an der wie immer berührenden Vesper teil.

Am Abendbrottisch befanden sich unter den Gästen auch zwei Krankenschwestern aus Aachen (Marita) und Köln (Astrid). Sie bezogen mich sofort in ihr Gespräch ein und waren überhaupt guter Dinge. Doch wunderte sich Astrid darüber, dass ich es schaffte, mit so wenig Gepäck auszukommen. Das gibt ja immer wieder Gesprächsstoff: Was benötigt frau unterwegs, worauf kann sie verzichten? Bei Astrid hatte ich das Gefühl, sie schleppt ihren halben Hausstand mit! Können wir uns eigentlich noch von zumeist entbehrlichen Dingen befreien, Überflüssiges loslassen? Lustig sind immer wieder die Fragen nach meinem Gepäck, die oft anzutreffende Skepsis, dass auch in einem nicht besonders großen Rucksack Notwendiges untergebracht werden kann.

Nach dem Frühstück am nächsten Morgen begleitete ich Astrid, Marita und Matthias (der schon seit vier Wochen in Maria Laach war und in der Obstirtschaft mitarbeitete) auf einem Gang durch das Apfellager und den Obstgarten. Der ›weltliche‹ Betriebsleiter informierte uns ausführlich über den Anbau der diversen Apfelsorten, ihre Lagerung und die Bewirtschaftung im Verhältnis Angebot und Nachfrage. Wir konnten einige Äpfel probieren und mitnehmen – knackig und lecker! Anschließend durchwanderten wir die etwa zwei Meter hohen Spalierobstreihen in der nahe am See gelegenen Plantage.

Unsere Stimmung war trotz des einsetzenden Regens ausgelassen, wir alberten herum und ernteten noch eine Menge der an den Zweigen verbliebenen Äpfel. Sammelten, sammelten, sammelten! Doch wohin mit diesem Segen? Zur Verfügung standen Kapuzen, Jackentaschen, auch eine Plastiktüte und Astrids schöner bunter Schirm. Der konnte am meisten unserer Ernte fassen, hielt aber auf dem Rückweg zum Parkplatz dem Gewicht nicht mehr stand. Na, wir schafften es trotzdem bis zum bereitstehenden Auto. Hatten mächtig viel Spaß dabei und gackerten herum wie junge

Hühner! Im Aufenthaltsraum des Klosters wurde sortiert, jede von uns drei Frauen bekam ihren Anteil. Da ich den ganzen Segen meinem Rücken und auch meinem Rucksack nicht zumuten wollte, nahm ich nur wenige Äpfel und legte den Rest in die für alle Gäste bestimmte Obstschale. Dieser Ausflug brachte mir tatsächlich eine solche Freude, wie ich sie lange nicht verspürt hatte. Konnte viel lachen, was unheimlich gut tat.

Am Nachmittag gönnte ich mir viel Ruhe, zumal die sehr nassen Schuhe nach der morgendlichen ›Expedition‹ trocknen mussten. Daher umwanderte ich auch nicht mehr den Laacher See. Sowieso regnete es sich draußen mächtig ein, wurde deutlich kälter und auch stürmisch – da habe ich beim Pilgern mit dem Wetter wieder einmal Glück gehabt. Zur Kaffeezeit traf sich erneut eine angenehme Runde mit Gesprächen über Schule, Forderung versus Förderung, Bibeltexte, also querbeet durchs Themenfeld. Matthias erzählte z. B. etwas von sich und seinem Aufenthalt hier im Kloster. Nach einem gefühlten beruflichen Scheitern versuchte er, sich in Maria Laach neu zu verorten, wobei Gespräche mit einem der Patres ausgesprochen hilfreich waren.

Zum Abendessen gab es einen sehr leckeren Apfelauflauf, der Koch (nicht zum Konvent gehörend) soll Spitze sein! Noch nach der Komplet kam eine junge Frau als Gast an, sie wirkte irgendwie neben sich. Wir halfen ihr kurz bei der Suche nach dem Gastpater Viktor. Später traf ich sie auf dem Gang des Gästetrakts wieder, wo wir einige Worte wechselten. Am nächsten Morgen erschien sie nicht zum Frühstück, war sozusagen ›ausgebüxt‹. Sie hinterließ lediglich einen an Pater Viktor gerichteten Brief, der sich darüber sehr bestürzt zeigte und fragte, was falsch gelaufen wäre. Anscheinend war das Kloster wohl doch nicht der richtige Ort für die junge Frau. Kollidierten da wieder einmal Erwartungen mit der Realität?

Mit der Busfahrt nach *Andernach* an diesem Morgen endete meine Pilgerreise durch die Nordeifel. Am Andernacher Bahnhof hatte ich noch ein schönes Erlebnis: In etwa drei Meter Entfernung begegneten sich zwei ältere Bekannte, begrüßten sich wortreich und schwelgten in Erinnerungen. So in der an Boris, der in seiner Jugend als Kriegsgefangener im Ort arbeiten musste und vor kurzem zu Besuch gewesen war. Dabei schauten sie immer wieder zu mir her, ob ich wohl zuhörte. An einer Stelle musste ich mitlachen, daraufhin kamen sie Schritt für Schritt und Satz für Satz näher, bezogen mich so in ihr Gespräch ein – so wat schön! Während der Zugfahrt musste ich daran denken, dass bei Klosteraufenthalten immer wieder die Zusammensetzung der Gäste interessant ist. Während in Fulda z. B. deren Zahl sich auf wenige beschränkt, kommt in den größeren Klöstern in der Regel eine gut sortierte, anregende Mischung zusammen.

Nach meiner Rückkehr in den Alltag setzte mir besonders die Frage nach der diesmal sehr selten empfundenen Freude zu. Habe ich sie inzwischen verloren, war sie latent vorhanden, blieb aber verschüttet? Auch die verschlossene Bruder-Klaus-Kapelle in Wachendorf kam mir in den Sinn. Das Gefühl, mir war ein Zugang nicht nur zu dieser Kapelle verwehrt geblieben, verfestigte sich und hielt lange an. Schwer zu ertragen, dieser Gedanke. Hinzu kam die Erkenntnis des Zusammenhangs zwischen der Stauchung im Brustbereich (die, wie beide Krankenschwestern mir sagten, einfach ausheilen müsste) und meinem mentalen Absturz. Das hielt meine Freude in Grenzen.

Trotzdem war ich dankbar für das Behütetsein unterwegs, für die zeitweilige Nähe zu der Wirklichkeit, die wir Gott nennen, wie Willigis Jäger es einmal ausdrückte. Die anfänglichen, ständig wiederkehrenden Zweifel relativierten sich ein wenig, obwohl ich mich immer noch auf einer emotionalen Achterbahnfahrt befand. Ich stellte mir wieder und wieder die Frage, ob das meinen Weg begleitende Vertrauen in das Aufgehobensein nicht ein Irrtum war? Existierte alles nur in meiner Imagination? Wo war meine Hoffnung geblieben, meine anfängliche Freude? Traurigkeit und Schmerz vereinnahmten mich und blockierten die Gedanken.

In dieser Stimmung beunruhigte mich ein metaphorischer Traum: Ich sah mich einen steilen Weg an einer Bergflanke mit herbstbunten Laubbäumen an der einen Seite und einem Abgrund an der anderen hoch wandern. Noch lange Zeit danach empfand ich die Zukunft als unüberwindlichen Berg vor mir liegend, ließ mich hinunterziehen, setzte mich aber auch mit der im Traum gefühlten Bedrohung auseinander. Mir wurde bewusst: Ich muss den langen Pilgerweg neu beginnen, den Anstieg erneut wagen. Schritt für Schritt. Mich auf Rückfälle einstellen. Mich loslösen von dem, was mich vorher bewegte. Würde ich das schaffen? Das während der dunklen Momente immer wieder auftretende Gefühl meiner scheinbaren Inkompatibilität versperrte mir allerdings weiterhin den Zugang zu positiveren Gedanken. Es verstärkten sich die bohrenden Zweifel an fast Allem, ich fand kaum noch Zugang zu den beim Pilgern gewonnenen Glücksmomenten. Zusätzlich bedrückte mich (wieder einmal) eine alptraumartige dunkle Figur. Wer war sie? Jemand aus der Vergangenheit? Ich ahnte, sie hatte etwas mit der Kirche als Institution zu tun.

Auf dieser Pilgerfahrt hat sich mir die ganze Schönheit und Tiefe des Weges und seiner spirituellen Orte erst lange nach der Rückkehr richtig erschlossen. Und dieses Licht in seiner herbstlichen Farbigkeit ließ mich meine kleine Eifel-Pilgertour als die bisher schönste wahrnehmen. In der nachfolgenden Zeit beobachtete ich eine schon lange nicht mehr so gekannte Tiefe meiner Empfindungen. Das wirkte sich nicht nur auf meine kontemplativen Übungen aus, auch in der Ruhe und der Anspannung aller Sinne beim Gehen. Bei meinen täglichen Meditationsübungen erreichte ich eine hohe Intensität, bewegte mich in einer größeren Dimension, gewann etwas von meinem Vertrauen zurück. Langsam. Ganz langsam.

Abb. 4: *Eifel-Feldkapelle Bruder Klaus*
Architekt: Peter Zumthor

Winterliche Pilgertage

Stille Tage in Damme:
Priorat St. Benedikt

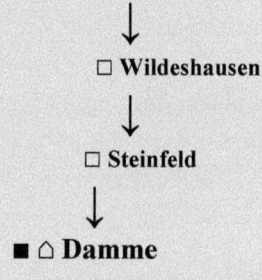

↓
□ Wildeshausen
↓
□ Steinfeld
↓
■ △ Damme

Dazwischen
*Man muss noch Chaos in sich tragen,
um einen tanzenden Stern zu gebären.*

Friedrich Nietzsche

Zum »Nordischen Rom«:
Magdeburg – Halberstadt – Ilsenburg – Goslar

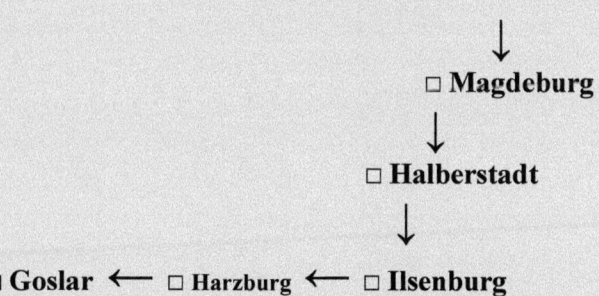

↓
□ Magdeburg
↓
□ Halberstadt
↓
■ Goslar ← □ Harzburg ← □ Ilsenburg

MEINE FÜR DIE WINTERLICHE JAHRESZEIT geplanten Pilgerfahrten sollten mich einmal entlang des Baltisch-Westfälischen Jakobsweges nach Damme führen. Später wollte ich auf dem Jakobsweg von Magdeburg nach Goslar über Halberstadt wandern. Entscheidender Impuls für mein winterliches Unterwegssein war nicht nur dieser Haufen ungelöster Fragen: Gibt mir das Pilgern überhaupt noch etwas? Kann ich Klosteraufenthalte noch ertragen und erneut ein Labyrinth begehen? Fühlte ich mich doch in meiner vermeintlichen Inkompatibilität durch eine mir scheinbar versperrte Tür nicht nur von spiritueller Teilhabe ausgeschlossen. Auch von Akzeptanz und Philia. Gerechtfertigt? Was hatte mich von der ersten Pilgerfahrt an nun eigentlich geleitet, war alles nur eine Imagination, ein Wunschdenken? Demgegenüber stand immer noch die Freude am Unterwegssein, ein ganz irdisch-kontemplatives Glück.

Trotz der anhaltenden, vom Sturz herrührenden Beschwerden vergrößerte sich allmählich der schmale Lichtstreifen am Horizont, wie so deutlich im Nienwalder Forst erlebt. In mein Bewusstsein zog mehr Klarheit ein und stärkte meine Lebensfreude, trotz allem. Gleichzeitig ahnte ich aber auch, dass die oft beengte Atmung mich noch lange begleiten würde. Wichtig war vor allem, wieder in den Zustand der Harmonie zu gelangen, den verloren gegangenen Einklang wiederherzustellen, aus dem Gefangensein im Labyrinth herauszukommen. Ob mir das gelingen würde? Geduld! Keineswegs bewertete ich das in mir wirkende Chaos ausschließlich negativ. Kann sich doch aus diesem Neues entwickeln und zu einer weiter dimensionierten Perspektive befähigen. So zumindest meine Hoffnung.

Als sehr heilsam erlebte ich eines Tages während der Meditation eine innere Stimme, die mir sagte: Ich bin doch bei dir, ich halte dich und trage dich. Damit kehrte ein wenig von der beim Pilgern empfundenen Freude und Harmonie zurück, gab mir Kraft. Überhaupt fand ich es hilfreicher, nicht gegen die Traurigkeit anzukämpfen, sondern sie zenmäßig anzunehmen, sie zu absorbieren und mich in sie fallen zu lassen. Das gab mir Geborgenheit und das Gefühl von mich stützender göttlicher Liebe. Den Aufenthalt in Damme verband ich zwar nicht mit einem Neubeginn, aber vielleicht stellte er einen notwendigen erneuten Aufbruch dar.

Stille Tage in Damme
Priorat St. Benedikt

Dieses kleine Kloster bzw. Priorat mit angeschlossener Bildungseinrichtung befindet sich an dem von Bremen nach Osnabrück über Wildeshausen und Vechta führenden Teilstück des Baltisch-Westfälischen Jakobsweges. Traditionell verläuft er in südwestlicher Richtung über die Bremer Neustadt, Heiligenrode mit seinem ehemaligen, 1182 gegründeten Benediktinerkloster, Wildeshausen, Vechta, Damme und Rulle. Wichtige Transitorte für die mittelalterlichen Pilger waren neben dem Kloster Heiligenrode die Wallfahrtsorte Wildeshausen und Rulle, aber auch Vechta. Von 851 bis in das 17. Jahrhundert hinein wurden in Wildeshausen die aus Rom translatierten Gebeine des hl. Alexanders verehrt, manifestiert durch die als Basilika im 13. Jahrhundert erbaute Alexanderkirche. Seit der Einführung der Reformation befinden sich die Reliquien in der Vechtaer St. Georgs-Kirche. Im Mittelalter besaß Wildeshausen einmal Bedeutung durch seine Lage am Hunteübergang der ›Flämischen‹ Straße von Antwerpen nach Skandinavien. Zum anderen endete bzw. begann hier der bis Osnabrück gehende, mindestens aus der Karolingerzeit stammende Pickerweg. Seit dem 13. Jahrhundert lassen sich Spuren eines Jakobskultes festmachen, wie die in der genannten St. Georgs-Kirche aufgestellte Jakobsstatue zeigt. Der heute noch besuchte Wallfahrtsort Rulle entstand 1347 durch ein sogenanntes Blutwunder. Zudem bot die im 13. Jahrhundert entstandene Zisterzienserinnenabtei Marienbrunn den Pilgernden Rast und Ruhe.

Das Dammer Priorat ist eine 1963 gegründete Niederlassung der Benediktinerabtei Münsterschwarzach mit zur Zeit acht Mönchen. Der eigentliche Grund für meinen Aufenthalt gerade in diesem Kloster war das dortige Waldlabyrinth. Dessen Begehung sollte nach der von mir in Münsterschwarzach gemachten Erfahrung zur Disposition stehen, mich erneut mit seinen Windungen, mit Anfang und Ziel konfrontieren.

Endlich war es soweit, der Rucksack gepackt mit warmer und auch festlicher Kleidung, Lesestoff und einigen süßen Sachen. Mit allen meinen Fragen im Gepäck – zusätzlich begleiteten mich Sentenzen Hildegards von Bingen – zog ich dann voller Erwartung auf die kommenden Tage los. Erst einmal ging es mit der Regionalbahn von Bremen in Richtung Osnabrück. Das eher gemächliche Fahren mit dem Zug erlaubte ein intensives Beschauen der noch nebelverhangenen norddeutschen Winterlandschaft. Die zumeist einzeln daliegenden Gehöfte vermittelten den Eindruck von Behäbigkeit und Ruhe. Viel Ackerland, oft mit Wintergetreide, dazwischen vereinzelt Cluster von Windrädern. Das ruhige Dahinfahren und Betrachten stärkte die Gelassenheit und ließ mich innerlich zur Ruhe kommen. Jetzt besaß ich auch genügend Muße, diesen aus dem 10. Jahrhundert stammenden Hymnus zu lesen, den mir Freundin Kathrin als Reise- und Weihnachtsgruß mitgegeben hatte:

> *Dies ist der Hoffnung lichte Zeit;*
> *der Morgen kommt, der Tag bricht an:*
> *Ein neuer Stern geht strahlend auf,*
> *vor dessen Schein das Dunkel flieht.*

Im südlich von Lohne gelegenen Steinfeld verließ ich den Zug, um gut zehn Kilometer nach Damme zu wandern. Das Wetter war angenehm, kaum Wind, die Temperatur fast zu warm. Der Weg durch Steinfeld selbst ein bisschen lang und ein wenig öde. Leider konnte ich keine Hinweise auf den eigentlichen Pilgerweg finden. Wohl gab es Wanderwege quer durch die Landschaft mit erheblichen Umwegen. Da ich nichts riskieren wollte, nahm ich den Radwanderweg direkt neben der Straße. Auch früher haben sich schließlich Pilgernde an der Infrastruktur orientiert und sind wohl kaum im Zickzack durch die Landschaft gelaufen – es sei denn, um irgendwo Gnadenbilder aufzusuchen.

Unterwegs lichtete sich der Nebel bei weiterhin grauem Himmel. Bereits nach den ersten Kilometern stellte ich fest: Ich war zu warm angezogen, puh! Fleecemütze, Wollschal und Handschuhe verschwanden im Rucksack, die Wollsocken behielt ich an, für den Kopf reichte auch ein Stirnband. Weiter ging es mit flottem Schritt auf und ab durch die schöne Landschaft der ›Dammer Schweiz‹, auch im Winter gut zu durchwandern mit dem dominierenden Rotbraun abgefallener Blätter. Die leichten Steigungen waren gut zu bewältigen, die Stauchung machte sich gelegentlich wegen des Rucksacks bemerkbar, besonders aber meine noch vorhandene körperliche Schwächung. Nur nicht aufgeben!

Nach etwa eineinhalb Stunden erreichte ich *Damme*, lief aber durch die Ortsmitte einen mehrere Kilometer langen Umweg zum Kloster. Ich hatte der kürzeren Querverbindung am Dammer Bergsee entlang nicht so recht getraut. Nach einigem Herumfragen kam ich endlich auf den richtigen Weg und war, früher als erwartet, schon um 15 Uhr an der Klosterpforte. Von Bruder Fabian erhielt ich den Zimmerschlüssel, aber ohne weitere Informationen. Die ständig ankommenden Gäste mit ihren Fragen und Wünschen waren wohl ziemlich anstrengend für ihn.

Doch klostererfahren wie ich inzwischen bin, fand ich mich sofort zurecht und gönnte mir im Gästerefektorium einen heißen Tee und ein ordentliches Stück Topfkuchen. Außer mir waren schon einige Gäste anwesend und stellten sich teilweise lautstark in ihren Gesprächen dar. Ich setzte mich zu einer etwas jüngeren Frau an den Tisch, wir lächelten uns an, wechselten aber kein Wort miteinander. Beide mussten wir uns wohl erst auf den Raum und die Situation einstellen. Der anschließende Besuch in der Klosterkapelle hat mich dann doch sehr ergriffen. Spontan warf ich mich voller Hingabe auf den Boden, spürte eine leichte weinerliche Traurigkeit. Vor Erschöpfung oder Erleichterung? Danach erkundete ich weitere Örtlichkeiten, es gab sogar ein Schwimmbecken, das ich in den nächsten Tagen nutzen wollte.

Während der Vesper schaute ich mir intensiv das eigenwillige, wie ein Triptychon im Halbkreis geformte Altarbild an. Schon beim ersten Besuch der Kapelle zog es meine Blicke auf sich und erinnerte mich an die Bilder des in Münsterschwarzach lebenden Künstlers Pater Meinrad Dufner. Tatsächlich: Wie mir nach dem Abendessen der uns begrüßende Prior bestätigte, war dieser die gestaltende Kraft, auch für den Altarraum. Doch findet das etwas ungewöhnliche Altarbild beileibe nicht überall Zustimmung. In den folgenden Tagen nahm ich immer wieder das Gesamtbild schauend in meine Gedanken auf, erkannte Zusammenhänge der Formen, beobachtete das wechselnde Farbenspiel im sich verändernden Tageslicht, ließ die ihm immanente Spiritualität auf mich wirken.

Über die Weihnachtstage waren ungefähr 36 Gäste anwesend, der größte Teil Frauen von 30 an aufwärts bis zu über 80 Jahren. Immer wieder interessant die zu beobachtende Zusammensetzung der Gäste bei Klosteraufenthalten: Altruismus und Eigennutz sind gleichermaßen vertreten, die Kommunikation ist nicht immer einfach, zudem bilden sich schnell ›Fraktionen‹. Am ersten Abend setzte sich ein älteres Ehepaar etwas verspätet zu uns an den Tisch und grummelte vor sich hin. Die vorgefundene Sitzordnung gefiel ihnen wohl nicht, sie konnten oder wollten sich aber auch nicht deutlich dazu äußern. Sie sehr bestimmend und betulich agierend, er mehr in sich gekehrt, aber nicht abweisend.

Am nächsten Morgen beim Betreten des Speiseraums sahen beide mich erwartungsvoll an: Setzt sie sich zu uns, oder? Registrierten erleichtert meinen Morgengruß und mein Platznehmen ihnen gegenüber. Schnell kamen wir ins Gespräch. Es stellte sich heraus, dass der Ehemann im letzten Jahr zwei Herzinfarkte und einen Schlaganfall zu bewältigen hatte und noch einer Betreuung bedurfte. So klären sich oberflächlich gefasste Beurteilungen auf. Zu den nachfolgenden Mahlzeiten haben wir uns dann immer wieder getroffen und gegenseitig Plätze freigehalten.

Bei der Komplet am ersten Abend zeigte sich mir in aller Klarheit, die Tage im Dammer Kloster sind ein Prüfstein. Immer wieder streiften mich Fetzen von extremer Traurigkeit. Trotzdem fühlte ich mich zunehmend sicher und war bereit, Unabänderliches anzunehmen. Als sehr wohltuend empfand ich die Einfachheit des Zimmers mit seinen schmucklosen Wänden. Lediglich oberhalb der Tür ein weißes Kreuz auf weißer Wand. Die gemeinschaftlichen Räumen fallen durch eine ansprechende Farbgestaltung mit einzelnen Feldern von Grellgrün über sanftes Blau hin zu Kräftigrot auf. Sehr harmonisch.

Volles, aber nicht total klösterliches Programm am Tag des Heiligen Abends. Tagesbeginn mit der Laudes um sechs Uhr und daran anschließend Konventmesse. Nach dem Frühstück unternahm ich einen Rundgang durch Damme und schwamm noch vor der Mittagszeit ein paar Runden im klösterlichen Schwimmbad. Herrlich! Doch da ich keinen Badeanzug dabei hatte, musste ich mich mit einer passenden Garnitur behelfen. Am Nachmittag nach Tee und Kuchen (Käse-Mohn, lecker) dann endlich der Gang durch das Waldlabyrinth, geleitet von dem Motto:

Der Weg zur Mitte ist der Weg zur Kraft.
Der Weg aus der Mitte ist der Weg zur Liebe.
Gernot Candolini

Das Labyrinth wurde im Mai 2004 unter Verwendung von vielen Tonnen Steinen gefertigt. Sein Aufbau orientiert sich an der klassisch-christlichen Kreuzesform mit allerdings größerer Mitte. Die sieben Umgänge verlaufen in konzentrischen Kreisen und sind aus etwa 40 Zentimeter hohen Steinmauern gefertigt. Die ganze Anlage wurde in die bestehende lichte Waldlandschaft integriert, dabei in leichter Hanglage ausgerichtet. Von den 19 integrierten Bäumen stehen 17 genau auf den Begrenzungslinien, der erste Baum wirkt wie eine einladende Tür. Eine Art Holztor vor dem Eingang markiert den Beginn eines besonderen Raums.

Beim Betreten des Labyrinths empfand ich zunächst Traurigkeit und Beklemmung. Das relativierte sich bald, sollte es doch ein Aufbruch sein. Ich stellte mich dem Weg mit seinen natürlichen Hindernissen und dadurch auch denen meines Lebens: Einzelne Bäume mit ihrem kräftigen Wurzelwerk und Baumstümpfe forderten Achtsamkeit. Dazwischen wuchs immer wieder Farn. Mal ging es aufwärts, dann wieder abwärts. Die umgebende Natur winterlich, aber lebendig. Hohe Fichten und Kiefern, deren Kronen sich leicht im Wind wiegten. Durch das am Boden liegende Laub überwogen die Brauntöne. Leichter Nieselregen setzte ein. Das Gehen wurde leichter, der Aufenthalt in der Mitte signalisierte: geschafft, angekommen, wieder ein Anfang. Der Rückweg dann befreiter, losgelöster, ohne Beklemmung und Negativgefühl. Stattdessen voller Zuversicht und mit einem Hauch von Glück. Na, das ist doch ein Fortschritt!

In der Vorbereitung auf das Weihnachtsfest fand die noch adventliche Vesper bereits um 17 Uhr statt. Später luden die Mönche zu einer gemeinsamen Feier ins weihnachtlich geschmückte große Gästerefektorium ein. Auf allen Plätzen standen üppig mit Nüssen, Keksen und Süßem gefüllte Gabenteller. Es wurde gesungen, Geschichten erzählt, sich unterhalten. An unserem Tisch saßen Bruder Fabian und Pater Jonathan, der einiges zum Besten gab: So entschuldigte er sich einmal nach einer Predigt »für den Schmarrn«, den er wohl gerade von sich gegeben hätte. Oder die Sache mit der Katze, die ein Mitbruder einem anderen in die Kapuze beim Einzug in die Kirche steckte. Anfangs fand sie es noch recht gemütlich, von dort die Welt zu betrachten. Erst beim Chorgebet mit den üblichen Verbeugungen war der Spaß vorbei, laut miauend ›rettete‹ sich die noch junge Katze durch einen Sprung. Soviel zum mönchischen Schabernack!

In seiner kleinen Ansprache vermittelte der Prior die Botschaft »zu schauen, was hinter dem Menschen steckt, durch seine Hülle hindurchschauen«. Tatsächlich wollen wir selbst auch in unserem Wert erkannt und ›durchschaut‹, nicht vorbeurteilt oder verurteilt werden. Die Christmette später war sehr besinnlich. Allerdings spürte ich nur wenig von der Freude der Weihnachtsbotschaft. Oder empfand ich es nur so? Mir selbst ging es in diesen Stunden und während der nächsten Tage sehr gut, fühlte mich aufgehoben und wurde zunehmend gelassener. Nahe gegangen ist mir die von Pater Jonathan in seiner Predigt vermittelte Botschaft der gleichwertigen Würde des Menschen. Wurde mir diese tatsächlich genommen oder existiert alles nur in meiner Imagination?

Am ersten Weihnachtstag durften alle ausschlafen. Was aber wohl nicht von Bruder Fabian genutzt wurde, stand er doch nach seiner Aussage jeden Tag bereits um drei Uhr in der Frühe auf, um den Tag ohne Stress und in Ruhe angehen zu können. Da wunderte es mich nicht, in der Nacht zwischen drei und vier Uhr durch lautes Gepolter unter meinem Zimmer geweckt zu werden. Laudes und feierliche Weihnachtsmesse waren zeitlich deutlich später angesetzt. Während des Frühstücks erwähnte ich kurz, wie auffällig ich die Diskrepanz im Verhalten vieler Priester zwischen so genannter Freizeit und Amtsausübung fand: einerseits locker, aufgeschlossen, unbeschwert, andererseits verschlossen, wenn nicht abwehrend. Es entspann sich dann eine lebhafte Diskussion. Andere Gäste machten ähnliche Beobachtungen. Dabei musste ich an das gleichbleibend gütige Gesicht Anselm Grüns in Münsterschwarzach denken.

Bei herrlich klarem Himmel und erfrischend kalter Luft durchwanderte ich am Morgen das Tal des Flüsschens Bexadde. Unterwegs tauschten wir uns begegnenden Spaziergänger freundliche Weihnachtsgrüße aus. Mittags gab es für Konvent und Gäste ein gemeinsames festliches Weihnachtsmahl: Ente, Rotwein, Zimtparfait. Anschließend war Küchendienst angesagt (wie eigentlich an allen Tagen). Nach der Kaffeezeit mit leckeren Torten unterhielt ich mich lange mit einer Frau aus Wilhelmshaven, die als Protestantin das erste Mal ein Kloster besuchte. Nach dem vielen guten Essen vertrat ich mir am Abend bei sternklarem Himmel die Beine mit einem langen Spaziergang durch den Ort.

Am zweiten Weihnachtstag ging vieles wieder seinen gewohnten Gang, einige Gäste reisten bereits ab. Diesmal umrundete ich den Dammer Bergsee, danach drehte ich wieder einige Runden im klösterlichen Schwimmbad. So war ich bereit für die nächsten Mahlzeiten. Was wurden wir verwöhnt! Witzig war noch, dass einer der Mönche für die Laudes am Morgen eine falsche Uhrzeit angegeben hatte: Wir kamen zu spät. Was ein Grund war, den verantwortlichen Pater damit tüchtig aufzuziehen.

An diesem Tag kam ich endlich dazu, lange vor dem Altarbild in der Kapelle kontemplativ zu verweilen und es mir genau zu betrachten. Es vereint Symbolik mit Farbdynamik und lässt viel Raum für subjektive Deutungen:

Altarbild und Altarraum, Fenster und Bildstele wurden ungefähr 2004 von dem in Münsterschwarzach lebenden Pater Meinrad Dufner gestaltet. Die Altarwand besteht aus 12 aneinander gereihten und vom Boden bis zur Decke reichenden Tafeln. Anfangs hatte ich den Eindruck, jede Tafel steht für sich, für ein jeweiliges, nichtfigürliches Motiv. Tatsächlich bilden einzelne Farbstrecken einen Übergang von einem Teilstück zum nächsten, wodurch fließende Zusammenhänge entstehen. Auch einzelne Figuren sind zu erkennen. In der Farbgebung dominieren Blautöne. Je nach Lichteinwirkung wirkt das Gesamtbild im Tagesrhythmus hell und klar oder dunkler und kräftiger mit allen Zwischentönen.

Die im Halbkreis sich entwickelnde Bildgeschichte beginnt links auf der *ersten* Tafel mit blauen, weißen, grauen, türkisen, lilablauen Farben in leicht wolkig wirkenden Schichten. Die *zweite* Tafel ist oben pastellig, unten kräftiger getönt, es überwiegen Grün und Lilablau. In der Mitte beider Tafeln befinden sich zwei größere Kreise in einem matten Weiß (Anfang des Lebens?). Ein kräftiger Rotstrich leitet oben hinüber zur *dritten* Tafel, unten pastellige größere Farbflecken. Die *vierte* Tafel übernimmt Blaulila in der Mitte von Tafel drei: Rot in Längsrichtung durchsetzt mit Gelb. Ebenso auch in Tafel *fünf*, wo rechts ein wenig Blau hinüber weist zur *sechsten* Tafel, einer lichten Wand. Hier wieder von der Mitte nach rechts gelbe und ein wenig grüne Farbflecken mit etwas Orange, das von Tafel *sieben* übernommen wird. In der oberen Bildhälfte ein kräftig-blauer Balken, weiter unten gelbliche Farbtöne, ganz unten etwas Blau und Rot. In der Mitte ein konturiertes Querband hinüber zur *achten* Tafel gehend (wirkte auf mich wie die Geburt des Lichts), die oben und am linken Rand rötlich getönt ist, nach unten Grün und Blau mit etwas Weiß aufnimmt. Dieses lichte Weiß nimmt auf Tafel *neun* die linke Seite ein, oben ein kräftig roter Abschluss, in der linken Hälfte ein längliches strichförmiges Gebilde, rechts davon die ganze Seite hinunter blaulila Farbe. Es folgt ein wenig Gelb, das sich zur Tafel *zehn* hin vergrößert. Ganz rechts lässt sich noch eine lang gestreckte blaue Figur ausmachen. Diese weist mit weit ausschwingendem Arm zur *elften* Tafel hinüber. Aus dieser Armbewegung heraus wird ein halbrunder Bogen geformt, der oben wie eine Schale offen und mit Rot gefüllt ist. Er endet auf Tafel *zwölf* in der oberen Hälfte in kräftigem Blau. Oben hellere Töne, nach unten dunklere blaue mit einem grünen unteren Bogen (erinnert mich an den Lobpreis *vom umfassenden All* von Hildegard von Bingen).

Einzelne Tafeln sind mit Texten versehen und dann schwach übermalt worden. Ganz rechts auf der letzten Tafel stehen deutlich die Zeichen A und Ω: Anfang und Ende.

Im Alterraum wurden vom selben Künstler Altar, Lesepult und Tabernakel-Stele aus rustikal wirkendem Holz mit aufgeklebten Goldstreifen, die wie Intarsien wirken, gefertigt. An der rechten Kapellenwand befindet sich eine triptychonartige Darstellung mit einer lang gestreckten Jesusfigur in der Mitte (Dreieinigkeit). Aufgeklebte Textauszüge z. B. aus Zeitungen ergänzen die Aussagekraft. In die Fenster auf der gegenüber liegenden Seite sind bräunlich getönte und unterschiedlich gestaltete Baumscheiben eingearbeitet.

Die künstlerische Ausgestaltung erschließt sich nicht unbedingt auf den ersten Blick. Jeder Besuch und jede schauende und interpretierende Rezeption bringt neue Aspekte. Das dürfte auch im Sinne Meinrad Dufners sein, der in seinem Buch *Schöpferisch sein* u. a. seine Vorgehensweise so beschreibt: »Und jetzt überlasse ich mich dem Trieb des Schaffens. Es treibt hin und her an die Leinwand zur Farbe, in den Abstand und wieder zur Farbe und zum Bild.« Genau das fand ich im erinnernden Schauen bestätigt und auch: »Ich male alles, was ins Bild drängt«.

Die Rückfahrt am Samstag trat ich sehr entspannt an, bin ich doch meinem früheren Zustand der Freude und Harmonie näher gekommen. Wegen der einsetzenden Kälte und der noch immer angestrengten Atmung verzichtete ich darauf, einen weiteren Abschnitt des Jakobswegs nach Osnabrück zu erwandern. Stattdessen ließ ich mich von der Nordwestbahn bequem dorthin transportieren. Zusammen mit einer anderen Frau aus dem Gästeteam, der ich anfangs begegnet war und mit der ich ansonsten nur Grußworte gewechselt hatte. Beim Aufbruch im Foyer des Gästehauses fragte sie nach meinem Gepäck. Als ich auf den nicht zu vollen Rucksack wies, entfuhr ihr der Ausruf: Da hinein haben Sie Ihren schönen Seidenrock und den Blazer gepackt?! Tja, Seide ist leicht und knittert auch nicht so stark, ist also gut für unterwegs.

Auf dem Bahnhof in Neuenkirchen kam es noch zu einem lustigen Vorfall: Wir bemerkten gar nicht, dass wir auf dem falschen Bahnsteig standen. Kurzerhand kletterten wir schnell über die Gleise – das ging noch einmal gut. So kann es kommen, wenn man quatscht und quatscht. Im Zug tauschten wir uns über die unterschiedlichen Lebenserfahrungen, den Aufenthalt im Kloster und religiöse Verortungen sowie mögliche Perspektiven aus. Ihre lagen wohl mehr im Buddhismus, wie sie sagte. Zwischendurch warf ich einige Blicke hinaus auf das vorbei gleitende Osnabrücker Land. Dachte daran, dass ich auch gern mit dem Bus über Kalkriese nach Osnabrück gefahren, wäre, hätte dann aber noch einige Stunden in Damme warten müssen. Ab Osnabrück fuhr ich nach kurzer Wartezeit über Bremen zurück nach Hause.

In der Rückschau überdachte ich den mehrtägigen geruhsamen Klosteraufenthalt. Fand es wieder einmal anregend, unterschiedlichen Charakteren begegnet zu sein, Selbstdarstellern und Teilhabenden, Gemeinsamkeiten auch dort festzustellen, wo man es nicht vermutet. Auffällig fand ich die geringe Teilnahme seitens der Gäste an den täglichen Stundengebeten. Und wie viele empfanden tatsächlich Demut und Dankbarkeit für die klösterliche Gastfreundschaft, die Mühewaltung des Konvents und des Personals für die friedlichen Tage? Letztendlich ist ein Kloster kein Hotel. Hier ist Achtsamkeit gefragt!

Zu Hause erwartete mich noch weihnachtliche Post. Vor allem ein Weihnachtsgruß übermittelte mir eine verloren geglaubte Verbundenheit und stärkte mein lädiertes Selbstvertrauen. Überhaupt brachte mich diese kleine Pilgerreise wieder ein Stück weiter auf dem zu bewältigenden und noch immer steilen Weg. Tatsächlich besaß diesmal das Kloster für mich eine notwendige Schutzfunktion und stabilisierte mich für das Wagnis eines weiteren Aufbruchs. Auch erhielt ich die Bestätigung: Wer gibt, erhält etwas zurück. Meine ausgesandten Friedensgrüße wurden erwidert. Fazit: Es wurde ein Aufbruch mit Zuversicht und wiederhergestelltem Vertrauen. Ich konnte mit Angelus Silesius sagen: *Schau, dein Himmel ist in mir.*

Dazwischen

Der Aufenthalt in Damme half mir, aus meiner seelischen und mentalen Einöde herauszukommen und meine eigentliche Spur wieder zu finden. Die gute Stimmung begleitete mich weiterhin, gelegentlich unterbrochen von ›flügellahmen‹ Phasen. Sie machten sich besonders bei körperlichen Anstrengungen sowie nach längerem Liegen und Sitzen bemerkbar. Trotzdem hoffte ich sehr, die in Damme erfahrene Aufbruchsstimmung beizubehalten. Weiterhin quälten mich allerdings Fragen wie: War ich auf meinen Pilgerfahrten von göttlicher Kraft geleitet oder von meinem eigenen Wunschdenken? Standen sich Spiritualität und neurobiologische Erkenntnisse diametral gegenüber?

In der durch zwei Augenoperationen (Grauer Star) bedingten Pause von nahezu drei Monaten verstärkten sich nach einer leichten Verbesserung Druck und Schmerz im Brustbereich mit den üblichen Nebeneffekten. Doch dadurch, dass ich mich allem stellte – der Traurigkeit, dem Schmerz, den Negativgefühlen – lebte ich eigentlich erst wirklich, erfuhr ich vermehrt Sinn und Freude. Weiterhin musste ich Acht geben auf die Atmung. Die Dinge so sehen und annehmen, wie sie sind. Beim aufrechten Sitzen den Atem als Quelle der Energie wahrnehmen.

Und wie verortete ich mich nunmehr in meinem Labyrinth? In der Vorstellung lagen die beiden begangenen Labyrinthe klar und offen vor mir. In meinem parallel dazu gedachten Labyrinth war ich allerdings noch gefangen in den Windungen mit hoch aufragenden Wällen. Den aufsteigenden Weg aus meinem Traum hatte ich gut zur Hälfte geschafft. Das und die mich immer wieder erfassende Traurigkeit implizierte aber auch einen Aufbruch zu weiteren Aufbrüchen mit mehr Achtsamkeit, weniger Risikobereitschaft und Zumutungen. Eindeutig geschrumpft war das anfängliche Gefühl großer Weite. Und dass die ›Wildheit‹ in meinem Leben nicht so negativ zu sehen ist, bestätigte mir die Lektüre des Buches *Wild und fromm* von J. Düring. Tatsächlich konnte ich für mich wieder die von ihm beschriebene »Freiheit des Adlers« spüren, Grenzen erfahren in meinen Aufbrüchen, einschließlich verfehlter Ziele mit nachfolgender Neuausrichtung, mich im positiven Sinne verschließen.

Während dieser relativ ruhigen Phase wurde mir einmal mehr bewusst, dass mich etwas, vor dem ich vor vielen Jahren ausgekniffen war, eingeholt hatte – ein Resultat meiner Pilgerfahrten? Lang verschlossene Gefühle brachen wieder auf, überwältigend, schmerzhaft. Halte ich es durch, mich dem zu stellen? Können mir weitere Pilgerreisen helfen? In Damme z. B. wurden mir viele Zweifel genommen, meine Gleichwürdigkeit bestätigt. Gleichzeitig konnte ich besser den gegebenen Zustand ohne irgendeine Verbitterung akzeptieren und damit eine gute Grundlage für die nächste kleine Wintertour schaffen. Den Unfall und damit Zusammenhängendes ordnete ich nunmehr als eine Herausforderung und Prüfung ein, verbunden mit Fragen wie: War ich zu anmaßend in meinen Wünschen, habe ich nach unerreichbaren Sternen greifen wollen? Bin ich zu vertrauensvoll auf Jemanden zugegangen und letztendlich abgewatscht worden? Muss ich das so hinnehmen?

In den Wochen vor der Pilgertour am Nordharz entlang war ich in meiner Wahrnehmung den steilen Weg hinauf ein weiteres Stück vorwärts gekommen. Die in Damme gewonnene Erkenntnis, etwas so anzunehmen, wie es sich darstellt, hatte sich verfestigt. In mir war mehr Klarheit. Deutlich weniger Traurigkeit und Schmerz. Viel Hoffnung. Offenheit. Interesse für das Kommende. Befreit von der durch den Sturz verursachten Verkantung. Auf dem Weg der Heilung, trotz des anhaltenden inneren Zitterns. Mentale Hilfe verschaffte ich mir mit einer Art Selbsttherapie: häufiges Monologisieren über bestimmte positive Ereignisse in meinem Leben, begleitet von heilenden Lachanfällen. Endorphine durchwirbelten dann vermehrt mein Denken und Fühlen, vor allem beim Meditieren. Endlich wieder mehr Freude und intensive Glücksmomente.

Zum »Nordischen Rom«
Magdeburg – Halberstadt – Ilsenburg – Goslar

Dieser von mir gewählte Abschnitt ist Teil des von Berlin nach Köln führenden Jakobsweges. Diesmal sollte die Be›weg‹ung von einem Ort zum nächsten mir eine Raum und Spiritualität verbindende Erfahrung bringen. Als ›Begleitung‹ nahm ich Freundin Rosemarie mit, fühlt sie sich doch auf besondere Weise Goslar verbunden. In der Zeit der Vorbereitung wechselten Erwartung und Freude mit mulmigen Gefühlen. Würde ich durchhalten? Eine ganz positive Erfahrung war, nach den Augenoperationen sozusagen mit Adleraugen in die Welt sehen zu können. Zwar fühlte ich mich noch nicht ausreichend gekräftigt, doch fit genug für einige Wandertage. So trat ich die Reise mit einem aufmunternden *versuche es!* an und baute auf die tiefe Gewissheit des Aufgehobenseins, wie es Psalm 139,5 ausdrückt:

*Du umschließt mich von allen Seiten
und legst deine Hand auf mich.*

Beeindruckend war für mich, dass im Gebiet des nördlichen und östlichen Harzvorlandes eine reichhaltige klösterliche Kultur entstehen konnte. Neben den vom Benediktinerkloster Corvey bei Höxter ausgehenden Aktivitäten zeichnete sich besonders der Orden der Prämonstratenser durch Klostergründungen aus. Die Abtei Corvey selbst entwickelte sich seit 822 bis zum zehnten Jahrhundert zu einem bedeutenden Zentrum christlicher Kultur in Norddeutschland. Der Prämonstratenserorden wurde 1120 in Prémontré bei Reims von Norbert von Xanten gegründet. Dieser war mit Bernhard von Clairvaux befreundet und stark von den Regeln der Zisterzienser beeinflusst. Beim Orden der Prämonstratenser handelt es sich um eine Gemeinschaft von Priestern, die vor allem den Regeln der Augustiner-Chorherren folgt. So trugen die Prämonstratenser zur Verbesserung der Landwirtschaft bei und verbanden klösterliches Leben mit pfarramtlicher Seelsorge. Später gewannen das Schreiben und Kopieren von Büchern sowie die Lehrtätigkeit an Bedeutung. Vorrangiges Ziel ihrer Tätigkeit im Osten sollte die Kolonisierung und Christianisierung der Wenden und Slawen auch östlich von Elbe und Oder sowie in Böhmen und Mähren sein. Wofür Magdeburg als Knotenpunkt verschiedener Handelswege zentrale Funktion erhielt.

Der Wetterbericht verhieß für die letzte Woche im März sowohl nasskaltes Wetter als auch danach folgende frühlingshafte Tage. Ich wollte aber partout einen Hauch winterliches Pilgern erleben und durchstehen, auch meine Kräfte messen. Bevor es mit dem Zug nach Magdeburg ging, bat ich wieder einmal in der alten Bremer Franziskanerkirche St. Johann um spirituellen Beistand, auch für Freundin Rosemarie. In der vorangegangenen Nacht hatte ich schlecht geschlafen, erhielt zudem ›Besuch‹ von der mich seit langem und nach dem Sturz erneut begleitenden eigenartigen dunklen Gestalt. Bedrückend und rätselhaft. Steht sie symbolhaft für die Kirche und warum? Gleichzeitig Schmerzen im Brustbein, beengtes Atmen – und Angst. Angst vor dem Kommenden. Sollte ich nicht doch besser zuhause bleiben? Nichts da! Vorgenommen ist vorgenommen. Nur nicht kneifen!

      Während der Fahrt in Richtung Osten bzw. Elbe beobachtete ich interessiert den Himmel, hielt Ausschau nach Schnee tragenden Wolken, die sich wohl noch im Nordwesten aufhielten. Widmete mich intensiv der Zeitungslektüre, dachte kaum ans Pilgern, dafür umso mehr an den Amoklauf in Winnenden, an die Zerrissenheit des Täters und die ihn umgebende Dunkelheit. Erinnerte mich an das intensive Gespräch mit meinem Sohn anlässlich des Ereignisses in Erfurt. Fragte mich, wieso niemand im nahen Umfeld die Gefährdungsmerkmale erkannte. Ab und zu nahm ich Fetzen von Handygesprächen auf, wie dieses: Hallo, hier ist der B. Ist die Mama da? Hat sie was zu essen dagelassen? Enttäuschung ausdrückende Stille, also kein Essen. Beim Zwischenstopp in Helmstedt Erinnerung an die früheren Aufenthalte und Kontrollen im nahen Marienborn. Welch eine Veränderung inzwischen und wie schön, so unkompliziert durchreisen zu können.

      Ankunft in *Magdeburg* am Nachmittag. Seit meinem letzten Aufenthalt hier vor etwa zehn Jahren hat sich viel im Stadtbild zum Positiven verändert: mehr Lebendigkeit und Freundlichkeit, die Häuserfluchten wirken nicht mehr so trist und abweisend. Von der zuvorkommenden Mitarbeiterin in der Touristen-Information erfuhr ich, dass eine Karte vom Jakobsweg in Arbeit sei, die Wege aber nicht mehr gekennzeichnet wären (es gab Probleme mit einem Wanderverein).

Mein erstes Pilgerziel war das ehemalige Kloster Unserer Lieben Frauen mit angrenzender Kirche. Die ursprünglich romanische Anlage wurde Anfang des 11. Jahrhunderts als Chorherrenkloster gegründet und später dem Orden der Prämonstratenser als Mutterhaus übereignet. Daran hatte der zuvor als Bußprediger durch Frankreich und Deutschland wandernde Ordensgründer Norbert von Xanten maßgeblichen Anteil. Er selbst wurde 1126 in Magdeburg zum Erzbischof ernannt und nach seinem Tod im Kloster bestattet. Bis in das 17. Jahrhundert hinein blieb dieses katholisch, nach der Auflösung 1632 diente es anderen Zwecken: u. a. Nutzung durch Pfälzer Glaubensflüchtlinge. Die Gebeine des hl. Norbert wurden in das Prämonstratenserkloster Strahov bei Prag translatiert. Heute fungiert die ehemalige Klosteranlage als Kunstmuseum und Konzertsaal, war aber zur Zeit meines Besuchs wegen Renovierung geschlossen.

Auf meinem weiteren Pilgerweg passierte ich den Domplatz mit Dom, dessen Gründung 937 auf den Bau des Mauritius-Klosters zurückgeht. Im Dom befindet sich eine 1250 gefertigte Skulptur des thebäischen Märtyrers Mauritius, dargestellt als Afrikaner. Südlich des Doms sind im Kreuzgang noch Reste des ursprünglichen Klosters zu sehen. Dieses und das oben genannte Kloster dürften auch für die durch Magdeburg Pilgernden willkommene Orte der Andacht und Versorgung gewesen sein. Ebenfalls zur Zeit der Christianisierung wurde 1015 der Grundstein für die dem hl. Sebastian geweihte Kathedralkirche gelegt. Unter Beibehaltung des romanischen Grundrisses erfolgte im 14. Jahrhundert ein Umbau im gotischen Stil.

Zurück zum Hauptbahnhof kam ich an der *Grünen Zitadelle* vorbei, einem von Friedensreich Hundertwasser konzipierten Wohnkomplex. Prächtiges Gebäude in Rosa mit Blau und Braun sowie den schon fast obligatorischen goldenen Kugeln (einer aparten steinernen Bonbonschachtel nicht unähnlich). Kein Fenster soll dem anderen direkt ähneln. Der 2005 erbaute Komplex mit Blumenwiesen auf den Dächern und den zwei zum Teil begrünten Innenhöfen gilt als ein Ort des Friedens. Ein Kleinod in der Stadtlandschaft. In der Nähe befindet sich die Jugendherberge, die mit der Jakobsmuschel als Pilgerunterkunft wirbt.

Wieder am Bahnhof sah ich weit im Westen eine viel versprechende Wetterfront herankommen. Das ließ mich von meinem Plan Abstand nehmen, mit dem

Bus über Land in Richtung Gröningen zu fahren und von dort durch einen Teil der Bördelandschaft nach Halberstadt zu wandern. Weiter ging es also mit dem Harz-Elbe-Express. Fuhren dann direkt in die mehrfach auftretenden Graupelschauer hinein – brrrh! Von der Landschaft war kaum noch etwas zu sehen. Da habe ich wieder einmal eine gute Entscheidung getroffen und meine noch relativ frisch operierten Augen geschont.

In *Halberstadt* angekommen, zeigte mir die ›Wanderung‹ in die Innenstadt anfangs ein etwas ödes Gesicht dieses geschichtsträchtigen Ortes. Hohe Wohnblöcke versperrten die Sicht auf die nicht gerade wenigen Kirchtürme. Mit Hilfe der Tourist-Information besorgte ich mir eine Unterkunft in Stadtrandnähe und erhielt gleichzeitig Material für den zum nächsten Vormittag geplanten urbanen Pilgerweg durch Halberstadt. Stellte fest, dass ich für manche Bewohner mit meinem Rucksack und in Wanderklamotten wohl eine von ihrer Norm abweichende Figur war. Der Weg zu meiner Unterkunft war zum Teil gesäumt von prächtig blühenden Winterlingen.

Leider war das Zimmer recht ausgekühlt, ich selbst fröstelte auch ein wenig. Nicht angenehm. Bis in die Nacht hinein setzte sich das Kältegefühl fort. Die ausgiebige Lektüre der erhaltenen Broschüren bestätigten mir, tatsächlich eine gute Spürnase bei der Planung dieser Pilgerfahrt gehabt zu haben. Sowohl kirchenhistorisch als auch siedlungsgeografisch ist besonders dieser Abschnitt des Jakobsweges mit seinen vielen Klostergründungen eine interessante Ecke. Und das Durchwandern eines solchen historisch-sakralen Raumes vermittelte mir ein Gefühl der Teilhabe. So konnte ich zufrieden und in harmonischer Stimmung auf den ersten Tag zurückschauen.

Am Morgen zeigte mir ein Blick aus dem Fenster: Der für diesen Tag angekündigte Schnee lag bereits in all seiner weißen Pracht da, wenn auch in geringer Menge. Aber Straßen und Wege waren frei, so brauchte ich nicht die von Freundin Kathrin erhaltenen Schneeketten über die Schuhe zu streifen. Ich wünschte mir einen guten Morgen und alles Gute zu meinem Geburtstag. Den wollte ich wieder einmal im Unterwegssein feiern. Auf ins nächste Lebensjahr, liebe Anne! Nach dem Frühstück setzte ich dann meine Pilgerreise quer durch Halberstadt voller Erwartung auf das Kommende fort. Mit seiner Gründung 804 entwickelte sich das Bistum Halberstadt zu einem spirituellen und kulturellen Zentrum. Es entstanden eine Vielzahl sakraler Bauten und Einrichtungen. Zusammen mit Dom, Domplatz, den Gebäuden der ehemaligen

Domburg bildet der Kernbereich ein harmonisches Ensemble, an dessen Rändern sich die St. Andreas- und die Martinikirche befinden.

Als erstes Pilgerziel suchte ich die älteste Kirche Halberstadts, die romanische *Liebfrauenkirche*, auf. Mit dem Bau dieser viertürmigen Basilika wurde 1005 begonnen, die berühmten Chorschranken mit den 12 Aposteln stammen ungefähr aus dem 12. Jahrhundert. Erhalten geblieben ist der Kreuzgang des früheren Augustiner-Chorherrenstiftes. Heute gehört die Kirche der evangelisch-reformierten Richtung an mit entsprechend schlichter Gestaltung. Der Aufenthalt in diesem große Ruhe ausstrahlenden Kirchenraum hinterließ bei mir ein ambivalentes Gefühl und die Frage, ob sich noch die gewünschte Spiritualität einstellt, wenn, wie hier und in anderen Kirchen, ein Eintrittsgeld als Spende versteckt gefordert wird. Fühlte mich auch durch die beobachtende Präsenz Aufsicht führender Kirchenmitarbeiter ziemlich beeinträchtigt.

Danach pilgerte ich erst einmal zur ehemals dreischiffigen Basilika *St. Andreas*, die mit dem Bau eines Franziskanerklosters 1289 errichtet wurde und heute das Grab des hl. Burchard enthält. Seine Gebeine befinden sich unterhalb des Altars, in einem schön gestalteten Reliquiar zwei Schädelfragmente des Heiligen. Das Innere der Kirche besticht durch seinen hohen lichten Raum mit Chorgestühl, einem dreiflügeligem Altarbild und einem Altaraufsatz in warmen Rot- und Goldtönen sowie einzelnen Statuen. Ebenso wie das Kloster der Dominikaner mit der Kirche St. Katharinen und Barbara konnte sie die Reformation überdauern, wurde 1810 säkularisiert und 1920 neu gegründet.

Da die Kirche verschlossen war, klingelte ich beim Pfarrbüro, dessen freundliche Mitarbeiterin mich willkommen hieß und mir den Zugang zur Kirche zeigte. Hier verbrachte ich stille Minuten der Andacht, entzündete ein Kerzenlicht, bündelte meine Gedanken, ließ sie ins Leere schweifen. Die Kirche wirkt in ihrer Schlichtheit und der sparsamen Farbgebung durch einige Fenster und den Altarbildern sehr eindrucksvoll und sowohl Ruhe gebend als auch in sich ruhend. Zum Abschied erhielt ich einige Heftchen zur Klostergeschichte und den Hinweis, dass eventuell auch eine Übernachtung im Kloster mit seinen zur Zeit vier Mönchen möglich wäre.

Nach einem Gang um die nahe liegende Martinikirche, die wegen Renovierung geschlossen war, ging es zurück zum Domplatz. Der inzwischen geöffnete *St. Stephanus und Sixtus-Dom* gilt als reinste gotische Kathedrale Deutschlands. Mutmaßlich war die Kathedrale von Reims Vorbild. Ungewöhnlich gut erhalten ist die mittelalterliche

Ausstattung, wozu vor allem die Marienkapelle und der Lettner mit seinen Figuren gehören. Der Dom selbst besticht durch sein wuchtiges Raumvolumen mit hoch aufragenden Pfeilern und Spitzbögen sowie dem schönen alten Chorgestühl, wirkt aber ein wenig vernachlässigt bzw. restaurierungsbedürftig. Direkt neben dem Dom befindet sich das Dom-Museum, das mit 650 Stücken den bedeutendsten mittelalterlichen Domschatz besitzt. Den ich mir allerdings nicht ansehen wollte – zu viele Eindrücke waren schon auf mich eingestürmt, weitere sollten noch folgen. Dafür brauchte ich ›Platz‹.

Auf dem Weg zur Burchardikirche durchquerte ich das ehemalige jüdische Viertel mit Museum, das über den ehemaligen Eingangsbereich der früheren Synagoge zu erreichen ist. Im dazugehörigen *Kaffee* aß ich einen Teller voll guter Hühnersuppe, serviert von einer netten russisch-jüdischen Immigrantin. Solchermaßen gestärkt ging es dann flott direkt zur außerhalb der alten Stadtmauer liegenden *Burchardi-Klosterkirche*. Ursprünglich stand an Stelle dieses wuchtig-gedrungen wirkenden Bauwerks eine dem hl. Jakobus geweihte Kapelle, die Bischof Burchard von Nabburg wohl um 1050 erbauen ließ. 1186 gründeten Prämonstratensermönche das Burchardikloster mit Kirche, später wurde es von Zisterzienserinnen übernommen und bestand noch etwa 600 Jahre. Die Kirche selbst, eine romanische turmlose Basilika, besitzt einen seltenen rechteckigen, kreuzgratgewölbten Umgangschor. 1810 kam es zur Auflösung des Klosters, einige wichtige Ausstattungsstücke befinden sich nunmehr in der St. Andreas-Kirche.

Aktuell dient die Burchardikirche als Kunst-Projekt für das Orgelwerk *As slow as possible* von John Cage. Die 2000 begonnene Aufführung soll 639 Jahre dauern: als Beispiel einer versuchten, dem Zeitgeist entgegen wirkenden Entschleunigung. Mit der Aufführung wachsen die äußerst langsam aufeinander folgenden Töne aus der eigens dafür gebauten Hüfken-Orgel. Bei meiner Ankunft war die Kirche noch verschlossen, ich konnte aber vor einem der Fenster stehend gut den ›dahingleitenden‹ Ton hören und in den dunklen Kirchenraum hineinsehen. Nach ungefähr zehn Minuten empfand ich die recht hohe Frequenz als wenig angenehm in den Ohren und beschloss, nicht mehr die Öffnung der Kirche abzuwarten. Zumal die Umgebung recht trist wirkte, das Wetter unfreundlicher wurde. Auf dem Weg zum Bahnhof, nach fast dreistündigem Pilgerlaufen durch Halberstadt, kam ich noch an der ehemaligen Dominikaner-Klosterkirche St. Katharina und Barbara vorbei, die leider nicht geöffnet war. Hier befindet sich die so genannte Bischofswand, u. a. mit der Büste des in Halberstadt tätig gewesenen Papstes Clemens II.

Nach der Pflastertreterei war ich ziemlich geschafft und nahm erst einmal den Bus in Richtung *Wernigerode*. Wenn Gegend, Straße und Wetter mir zusagten, wollte ich unterwegs ungefähr bei Derenburg aussteigen und weiterwandern. Die Straße lag frei und offen in der Landschaft ohne Baumschutz und Seitenwege, es regnete, schneite, stürmte. Nein, das gefiel mir ganz und gar nicht. Also weiter per Motorkraft und innerlichem Pilgergefühl. Das Wetter besserte sich nicht bei meiner Ankunft in Wernigerode, im Gegenteil. Daher entschloss ich mich nicht für einen Aufenthalt in dieser kleinen, durch Missionstätigkeit Corveyer Mönche im neunten Jahrhundert entstandenen Stadt. Vielmehr nahm ich den nächsten Bus nach Ilsenburg. Unterwegs klarte es auf, noch vor Drübeck stieg ich aus und marschierte los. Kurz am dortigen Kloster vorbei, von dem ein Wanderweg zum Kloster Ilsenburg führt. Das Drübecker Benediktinerinnenkloster wurde etwa 966 erstmalig genannt und stellt bis heute eine sehenswerte Anlage der Romanik dar. Interessant und eine wohltuende Atmosphäre schaffend sind die dazugehörigen Gärten.

Ging dann den von Kloster zu Kloster führenden Weg am Berg entlang durch noch winterlichen Wald. In den Baumwipfeln sirrte der Wind, es fiel leichter Schnee, so hätte ich wohl immer weiter wandern mögen. Währenddessen dachte ich nochmals an das mit Kirchen und Klöstern gesegnete Halberstadt. Das müssen auch frühere Jakobspilger zu schätzen gewusst haben. Auch Heinrich Heine und seine Harzreise 1824 kam mir in den Sinn. Was wollte er noch? Ach ja:

Auf die Berge will ich steigen,
Wo die frommen Hütten stehen,
Wo die Brust sich frei erschließet,
Und die freien Lüfte wehen.

Beim Abstieg vom Brocken rastete er ebenfalls in Ilsenburg, ob er auch die alte Klosterkirche aufgesucht hat?

Am frühen Nachmittag erreichte ich dann nach genussvollem Wandern das Kloster, das 1018 von Corveyer Mönchen gegründet wurde. Refektorium und Kapitelsaal zählen zu den ältesten erhaltenen romanischen Innenräumen im Harzer Gebiet. Heute besitzt das ehemalige Kloster Bedeutung als Kunst- und Kulturzentrum. Die dazugehörige Kirche *St. Peter und Paul* wurde Ende des 12. Jahrhunderts errichtet und gilt als Kleinod romanischer Baukunst. Dank der umfangreichen Restaurierung ist ein Raum der Ruhe mit hoher Spiritualität in klarer, schlichter Ausführung entstanden. Gegenüber der Schlichtheit des Kirchenraumes wirken Kanzel, Altarwand und die Deckenmalerei in der Apsis nahezu üppig. Die in den Boden eingelassenen Lampen geben ein warmes Licht. Der Ort Ilsenburg selbst gilt als älteste christliche Siedlung im Harz und ist jetzt vor allem vom Tourismus geprägt. Viele der ehemaligen Klöster in dieser Region sind inzwischen säkularen Zwecken zugeführt worden und werden touristisch vermarktet. Trotzdem bleibt eine Vorstellung von der Reichhaltigkeit sakraler Romanik.

In der Gästeinformation empfahl man mir die Adresse einer nahe gelegenen Pension. Da die Wirtin gerade durch Abwesenheit glänzte, verbrachte ich die Wartezeit in einem Café und stärkte mich genussvoll mit Erdbeertorte. Danach holte ich mir den Schlüssel beim Sohn der Pensionswirtin ab und kam dabei mit einem Gast ins Gespräch. Dieser verstand sich als ein ›wild‹ Wandernder, der teils per Fahrrad, teils zu Fuß quer durch Europa unterwegs war. Er erzählte begeistert von dem Gefühl der Freiheit, des Ungebundenseins auf seinen Touren, auch wenn das Geld knapp war. Beeindruckend, wie Manche ihrem Leben einen Sinn geben, dabei immer wieder in der Gefahr des Verlorenseins stehen.

Später unternahm ich noch einen Rundgang durch Ilsenburg, trabte aber bald zurück in die Pension. Welch eine Wohltat, dort heiß zu duschen, die Beine hochzulegen und entspannt in einem unterwegs gekauften Krimi zu schmökern (war ja Geburtstag!). Doch wurde ich dann so müde, dass ich für Stunden eindöste, mich kaum bewegen, geschweige aufstehen konnte. Erst um Mitternacht erwachten wieder meine Lebensgeister, ich aß etwas aus meinem Proviant, machte mir Gedanken über den am nächsten Tag zu nehmenden Wanderweg.

Dritter und vielleicht letzter Tag. Während des Frühstücks unterhielt ich mich kurz mit der Pensionswirtin, u. a. über ihre Befindlichkeiten als ehemalige DDR-Bürgerin. Ihrer Meinung nach fehlten ihr seit der Wende 20 Jahre ihres Lebens. Ansonsten vertrat sie reichlich chauvinistische Ansichten. Unmittelbar nach dem Frühstück ging es los in Richtung Bad Harzburg. Für unterwegs kaufte ich mir noch an einem Stand meine tägliche Ration Obst (Banane und Apfel). Auf der Suche nach dem passenden Wanderweg Richtung Harzburg musste ich immer wieder an das Frühstücksgespräch denken.

Der von mir ausgesuchte Weg ist Teil des von den Niederlanden bis nach Masuren führenden Europa-Wanderweges E 11 und machte auf mich sofort einen guten Eindruck: Er war nicht zu modrig-weich, schön breit und führte durch ein ausgedehntes Waldgebiet. Immer am Fuß der leicht mit Schnee bedeckten Harzberge entlang und mit dem Brocken›massiv‹ im Rücken kam ich flott voran. Linkerhand blitzte ab und zu das im hellen sonnigen Morgenlicht daliegende Harzer Vorland durch Sträucher und Bäume. Alles war natürlich noch kahl, bot aber trotzdem Schutz vor dem leichten Wind. Zumeist schien die Sonne, nur gelegentlich spürte ich einige Tropfen bzw. Flocken. Irgendwann kam mir der oben zitierte Psalmvers in den Sinn. In meine tiefen, wohlbehüteten Gefühle eingeschlossen waren neben meiner gedachten Begleiterin Rosemarie auch alle, die mir in Liebe und Freundschaft verbunden sind. Auf dem Weg nach Bad Harzburg fühlte ich mich außerordentlich wohl. Spürte endlich wieder tiefe Freude und Glück. Hatte ich tatsächlich meinen alten Zustand erreicht, konnte ich anknüpfen an die Erfahrungen früherer Pilgertouren? Das sah ganz danach aus.

Gegen 11 Uhr kam ich dann nach einem längerem Gang durch den Ort am Harzburger Bahnhof an, löste eine Fahrkarte, aß etwas, notierte meine Gedanken in die Kladde, wartete auf den Zug nach Goslar. Langsam machte sich bei mir eine körperliche Überbeanspruchung bemerkbar, auch ein wenig Muskelkater in den Beinen vom Bergabgehen. Nun war ich froh, doch nicht bis Goslar gelaufen zu sein. Dachte auch an das nicht so weit entfernte, 1174 von Benediktinern gegründete ehemalige Kloster Wöltingerode nahe Vienenburg, berühmt durch seine Buchmalerei.

Nach nur zehnminütiger Fahrt war ich in *Goslar*. Noch müder und wenig aufnahmefähig. Den Beinamen »Nordisches Rom« erhielt das um 922 gegründete Goslar wegen seiner zahlreichen Sakralbauten: insgesamt 47 Kirchen und Kapellen, darunter fünf Pfarrkirchen, nahebei das Kloster Grauhof. Auf meinem Weg durch die Innenstadt suchte ich die dicht beieinander liegenden Neuwerkkirche und die St. Jakobus-Kirche auf. Das sollte fürs erste genügen.

Beim Umgehen der evangelischen *Neuwerkkirche* sah ich beim Eingang eine an der Kirchenmauer befestigte Jakobsmuschel. Das signalisierte mir ein Willkommen als Pilgerin. Und entsprechend freundlich empfing mich auch die junge Frau am Schriftenstand in der Kirche. Mit dem Bau dieser Kirche wurde ungefähr Ende des 11. Jahrhunderts begonnen. Unter dem Namen Maria in Horto (Maria im

Garten) war sie Teil eines Klosters, dessen 12 Nonnen, mutmaßlich Zisterzienserinnen (worauf auch der Name des Klosters hinweist), aus dem thüringischen Ichtershausen zuwanderten. Später ordnete sich das Kloster dem Benediktinerorden zu und blieb als solches bis zur Reformation bestehen.

Im Innenraum der Kirche mischen sich romanische und frühgotische Elemente, die Wandmalereien stammen aus dem 13. Jahrhundert. Blickfang ist vor allem die Hauptapsis mit der Darstellung der auf einem Thron sitzenden Muttergottes mit dem segnenden Jesus. Der Thron selbst befindet sich auf den sieben Stufen der Seligkeit, die 12 Löwen an den Stufenenden symbolisieren die 12 Geschlechter Davids, die über der Madonna schwebenden Tauben die Gaben des Heiligen Geistes. In aller Ruhe und Muße ließ ich das Innere mit seiner in einem herrlichen, kräftigen Mittelblau ausgemalten Apsis auf mich wirken. Beeindruckend und voller Schönheit.

Weiter ging es zur katholischen *Jakobuskirche*, der ältesten noch genutzten Kirche Goslars. Sie wurde erstmals 1073 erwähnt und war ursprünglich eine flach gedeckte romanische Pfeilerbasilika. Im Laufe der Jahrhunderte erfuhr die Kirche durch Um- und Anbauten eine deutliche Veränderung. In dem hohen Raum mit seinen kompakten, zum Teil leicht farbigen Pfeilern verbrachte ich stille Minuten, ließ mich meinen Weg hierher überdenken, dachte an die Rückfahrt und ob auch Freundin Rosemarie angenehme Tage hatte. Dankte mit einem Kerzenlicht für das gute Gelingen meiner anfangs doch als ungewiss empfundenen Pilgerfahrt.

Da meine Müdigkeit stark zunahm, war ich kaum noch aufnahmefähig und setzte mich in den nächsten Zug Richtung Hannover. Hatte dann während der Fahrt genügend Muße, die Landschaft – erst noch bergig, dann flacher werdend – vorbeiziehen zu sehen. Dachte an meine nächste Pilgerfahrt, deren Verlauf durch meinen Kopf mäanderte. Nach Hildesheim trübte es immer mehr ein. Grauer Himmel draußen – blauer Himmel in mir. Freude, wunderbare Freude, es wieder einmal geschafft zu haben. Doch wollte ich mir in den nächsten Wochen viel Ruhe gönnen, um gut auf die nächste Pilgertour im Mai vorbereitet zu sein.

Wieder zu Hause: Erst einmal war ich begeistert, mit meinen nunmehrigen ›Adleraugen‹ die Umgebung klar und deutlich gesehen zu haben – ohne über Fußangeln wie Bordsteinkanten, Unebenheiten, Wurzeln und dergleichen zu stolpern. Und dann erst einmal die Wegweiser! Die waren unverschämt gut zu lesen, auch wenn sie in ziemlicher Höhe hingen. Bin also immer die richtigen Wege gegangen. Super! Froh war ich auch darüber, gerade diesen Weg gewählt und dadurch historische Kontexte erkannt zu haben. So den Prozess der Christianisierung mit analoger agrarwirtschaftlicher Kultivierung im östlichen Deutschland entlang tradierter Verkehrswege, unterstützt durch gezielte Klostergründungen seitens der Benediktiner, Prämonstratenser und Zisterzienser. Ein anschauliches Beispiel der Verbindung von Handels- und Verkehrswegen, sakralen Einrichtungen und spirituellem Unterwegssein.

   Ich selbst fühlte mich wunderbar, verspürte wieder das, was ich besonders von der ersten Pilgerreise mitbrachte: Tiefe, wirklich tiefe Freude. Gelassenheit. Das Bewusstsein, ein Pilgerziel erreicht zu haben. Eine gute Entwicklung! Der in meinem Traum zu bewältigende steile Weg ist endlich geschafft. In meinem Labyrinth ragen keine imaginären, mir den Weg versperrenden Wände mehr auf. Erleichterung, Freude, Dankbarkeit.

Multireligiös unterwegs

Koptisch-orthodoxes Kloster Brenkhausen
Jüdische Synagoge Göttingen
Christliche Brüdergemeinde Fulda
Sri Sitti Vinayagar Tempel Stuttgart
HAP Grieshaber Reutlingen
Baha'i-Tempel HofheimTaunus
Ditib-Moschee Duisburg-Marxloh

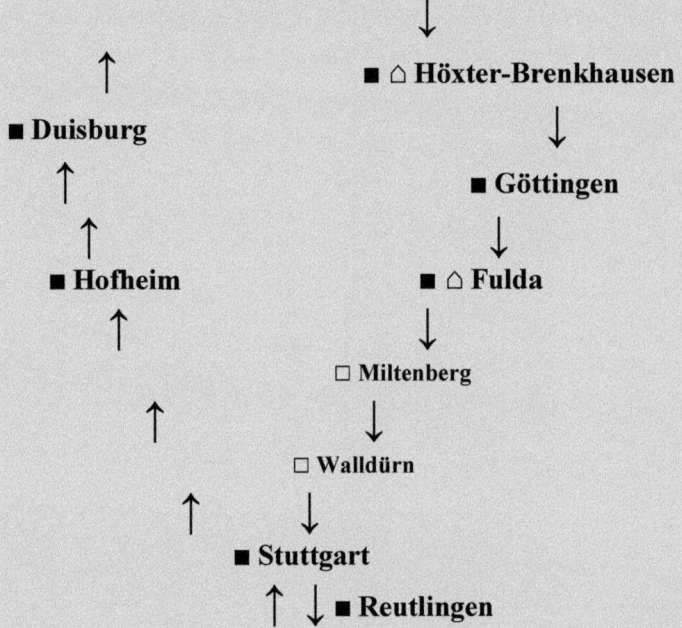

*Möge die Straße uns zusammenführen
und der Wind in Deinem Rücken sein ...*
aus einem irischen Reisesegen

Warum multireligiös?

Während der dunklen Tage und Wochen entwickelte sich aus meinem ganz persönlichen Chaos etwas Neues. Andere Ausdrucksformen der Spiritualität weckten (erneut) meine Neugier. So beschloss ich, unterschiedliche religiöse Stätten als Pilgerin aufzusuchen: christliche, hinduistische, islamische und jüdische. Quer durch die Republik. Nach intensiver Vorbereitung sollte es Mitte Mai losgehen. Es zeigte sich, dass die Auswahl in Frage kommender sakraler Räume sehr vielfältig ist. Um die Pilgerfahrt nicht zu überfrachten und womöglich selbst dabei ›verloren‹ zu gehen, schränkte ich das Spektrum rigoros ein. Auch verzichtete ich diesmal auf mich begleitende spirituelle Texte, wollte offen sein für das, was mir begegnete. Dabei stellten sich mir die Fragen: Wo finde ich mich selbst mit meinem religiösen Hintergrund wieder, wo gibt es Übereinstimmungen, wo stoße ich an Grenzen?

In den Tagen vor der Abreise wechselten Freude, Erwartung, Zweifel, Angst (ja, Angst!). Auch noch, als ich bereits mit dem Rucksack vor der Haustür stand. Da am Sonntagmorgen noch kein Bus nach Bremen fuhr, brachte mich Freundin Kathrin zur Endhaltestelle der Straßenbahn am Stadtrand. Sie würde mich auch als spirituelle Gefährtin mindestens bis Fulda begleiten. Hat sie doch großen Anteil an dem genommen, was mich in den vergangenen Monaten bewegte. Und die mir mitgegebenen Fruchtschnitten päppelten mich unterwegs immer wieder auf.

»Wir warten Sie«

Mein erstes Pilgerziel war das Kloster der Koptisch-Orthodoxen Kirche in Brenkhausen bei Höxter. Auf dem Weg dorthin ließ ich mich bis Holzminden mit der Bahn transportieren. Während des Aufenthalts in Hannover beobachtete ich vom Zug aus diese kleine Szene: Auf dem benachbarten Bahnsteig ging ein etwas derangiert wirkender Mann mit einem übervoll bepackten Kinderwagen entlang, wenig später folgte ihm eine Frau mit einem ebensolchen ›Packesel‹. Beide setzten sich auf eine Bank, kramten herum, holten irgendwelche Dinge heraus, aßen und tranken. Kurz, sie machten es sich gemütlich, während der daneben sitzende Reisende seinen Platz verließ. Oder flüchtete er vor diesem Idyll einer ›heiligen Familie‹?

Unangenehm verlief dann auf der Fahrt nach Kreiensen die Begegnung mit einem Reisenden nichtdeutscher Herkunft, mit dem ich bei seinem Einsteigen kurz Blickkontakt hatte. Das war wohl schon zuviel. Er nahm in der

Sitzreihe schräg vor mir Platz, aß und trank etwas, stellte sich in den Gang, schnalzte ständig in meine Richtung, brachte sich in Positur. Ich kümmerte mich nicht weiter darum, beschäftigte mich mit meinem Material, gab aber auf seine Bewegungen Acht. Irgendwann wandte er sich mir zu, sprach etwas Unverständlich-Eindeutiges. Ziemlich energisch bedeutete ich ihm, mich nicht weiter zu belästigen. Das half. Trotzdem achtete er noch eine ganze Weile auf meine Bewegungen. Ein unangenehmes Gefühl. Kein gutes Erlebnis.

In Holzminden angekommen, marschierte ich stracks zum Weserradweg in Richtung Höxter. In der freien Landschaft tat sich mir zur Weser hin die Kulisse des Weserberglands auf, hinter mir die von Holzminden mit seinen Kirchen. An einem Abzweig sah ich auf einem Schild, dass es bis Corvey und Höxter gut drei bzw. fünf Kilometer waren. Na, dachte ich mir, das ist für eine Pilgerwanderung aber zu wenig. Lieber nehme ich den Weg zur Weser hinunter und laufe am Ufer entlang, zumal dort anscheinend Leute unterwegs waren. Also weg von dem asphaltierten Weg hin zum Fluss, wo tatsächlich ein kleiner Pfad zum Gehen einlud. Aber nicht lange! Denn bald verlor er sich im Wildwuchs von Brennnesseln und anderem Grünzeug. Ab und zu waren noch vereinzelte Trittspuren zu erkennen.

    Ich lief trotzdem munter drauflos in der Hoffnung, irgendwann wieder etwas ähnliches wie einen Trampelpfad zu sichten. Die Brennnesseln brannten gemein an den Waden. Also bog ich bei einer der Flusskehren von der Weser weg zu einem Rapsfeld ab und marschierte an seinem Rand entlang bis zu einem festeren Weg. Weiter vor mir sah ich Radfahrer. Also musste ich dort auch wieder auf die richtige Spur kommen. Um die Strecke abzukürzen, trampelte ich zwischen zwei Feldern mit vielen eng gewachsenen Disteln hindurch, worüber sich meine Beine erneut freuten! Natürlich hätte ich am Anfang zurückgehen können, doch liebe ich ja besonders die beschwerlichen, krummen Wege.

    Endlich war ich wieder auf dem Radwanderweg. Sprach zur Vorsicht ein entgegenkommendes Radlerpaar an, das mir dann den exakten Weg nach Höxter wies. Aber erst einmal machte ich eine kleine Pause, da mir der Hunger zusetzte. Alles in allem habe ich für diesen ›außerplanmäßigen‹ Weg viel Zeit und Kraft aufwenden müssen, zumal die Kilometerzahl plötzlich deutlich höher war als anfangs gelesen. Das erlebt man aber immer wieder. Nach einigen Kilometern erreichte ich endlich die nach Höxter führende Brücke über die Weser. Von dort gibt es einen schönen Blick auf die 822 gegründete ehemalige *Benediktinerabtei Corvey* und auch auf *Höxter*, die alte Siedlung Hucxorie.

Da ich Corvey von früher kannte, ließ ich es links liegen und wanderte quer durch Höxter. Unterwegs fragte ich mich langsam zur Brenkhäuser Straße durch. Nahezu alle Angesprochenen kannten das koptische Kloster und wussten etwas von den Renovierungsarbeiten und der Gastfreundschaft der Mönche zu erzählen. Die Straße zog sich bis zur Ortschaft leider ziemlich in die Länge. Irgendwann bog ich rechts in eine schmale Seitenstraße, um von der Bundesstraße ohne Fußweg wegzukommen. Hörte emsig den Kuckuck rufen. Es war ein wenig schwül. Die Sonne brannte zwischen Wolkenschüben und vereinzelt spürte ich Regentropfen, aber wirklich nur vereinzelt.

Es war wieder einmal sehr anstrengend, fast ausschließlich auf asphaltierten Wegen unterwegs zu sein, meine Beine waren schon recht lahm. Kurz vor *Brenkhausen* überholte mich eine junge Frau, mit der ich ins Gespräch kam. Wir unterhielten uns angeregt über das Pilgern auf nicht so bekannten Jakobswegen und natürlich über das koptisch-orthodoxe Kloster. Am Ortseingang verabschiedeten wir uns herzlich voneinander. Es tut immer wieder gut, unterwegs auf freundliche Menschen zu treffen, ganz selten nur bin ich auf Ablehnung gestoßen. Liegt das aber nicht auch an der eigenen Offenheit, mit der man unterwegs ist und anderen begegnet?

Nach wohl vier Stunden nahezu ununterbrochenen Wanderns stand ich endlich vor der Klosteranlage mit Pfarrkirche und war nach wenigen Schritten an der Klosterpforte. Einige Tage vorher hatte ich mich telefonisch angemeldet und war mit den Worten *Wir warten Sie* willkommen geheißen worden. Tatsächlich wurde ich dann von einem jungen Mann am Eingang etwas hilflos empfangen. Er sprach kaum Deutsch, gab aber mit einer Geste zu verstehen, ich könnte mir alles ansehen: Kapelle, Ausstellungsräume, Gästerefektorium. Vom Eingangsbereich mit Refektorium und Schriftenstand führte ein kleiner Gang in den Klosterbereich, ein anderer hin zur Ausstellung, zum Bibelmuseum und zur Kapelle. Dass das Kloster auch eine Bedeutung als gesellschaftliches Zentrum für die in Deutschland lebenden koptischen Christen besitzt, bewiesen die vielen auf dem Klostergelände anwesenden (männlichen) Besucher.

Das der Hl. Jungfrau Maria (und dem hl. Märtyrer Mauritius) geweihte Kloster wurde 1245 von Zisterzienserinnen gegründet. 1601 erfolgte von Corvey aus eine Neubesiedlung mit Benediktinerinnen, 1803 die Säkularisierung. Nach einer langen Auszeit übernahm die katholische Kirchengemeinde Brenkhausen einen Teil der Klosteranlage als Pfarrheim und führte 1991 erste Kaufverhandlungen mit der Koptisch-Orthodoxen Kirche. 1993 kam es zur Übergabe der inzwischen fast zu einer Bauruine verkommenen Klosteranlage an koptische Mönche. Seitdem wird in Kooperation mit einheimischen Handwerkern und Ehrenamtlichen sowie Diakonen aus Ägypten das barocke Hauptgebäude in alter Lehmbautechnik saniert. Das noch kleine Mönchskloster ist gleichzeitig Sitz des Bischofs für Deutschland (ein weiteres Kloster befindet sich bei Wetzlar). Der nicht mit Rom unierten Koptisch-Orthodoxen Kirche steht ebenfalls ein Papst vor, mit Sitz in Kairo und in Alexandria.

Das kleine Bibelmuseum enthält etwa 1000 Bibelausgaben in 80 Sprachen, die von einem privaten ortsansässigen Sammler gestiftet wurden. Außerdem befinden sich dort Modelle religiöser Objekte sowie koptisch-orthodoxe Exponate. In der Kapelle hielt ich mich dann zu einer stillen Andacht auf und ließ den altarlosen, schlichten Raum auf mich wirken. Der an der Stirnseite hängende Bildteppich stellt die Gottesmutter Maria mit Kind dar. An der rechten Seite befinden sich weitere ikonenartige Heiligenbilder mit Opferlichtern. Nach meinem Rundgang begrüßte mich dann sehr freundlich Vater Nikolaus. Er bot mir etwas zu trinken an und informierte mich kurz über das Kloster: Vieles muss noch instand gesetzt werden, um mehr als die zur Zeit hier lebenden zwei Mönche aufnehmen zu können. Zum Abschied gab er mir ein *Gott segne Dich* auf den Weg. Auch ich wünschte ihm und der Klostergemeinschaft Gottes Segen.

Nach diesem Besuch wollte ich mich in einem gegenüber liegenden Hotel einquartieren und musste leider feststellen, dass mir unterwegs meine neue Lesebrille abhanden gekommen war. Ich geriet fast in Panik, durchsuchte hektisch den Rucksack: nichts. Wenigstens hatte ich eine Ersatzbrille dabei. Da mir im Hotel niemand öffnete und man mir im Kloster leider nicht weiterhelfen konnte, beschloss ich erst einmal zu warten. Kam dann mit einer vorübergehenden Passantin ins Gespräch, die mir eine gediegene Landpension an der nahen Bundesstraße empfahl. Das war ein guter Rat. Ich wurde von Frau Struck und ihrem Sohn herzlich begrüßt und erhielt auch prompt das inzwischen bei mir üblich gewordene Glas Milch.

Trotz der verloren gegangenen Brille konnte ich auf diesen ersten Tag mit Zufriedenheit und einem gewissen Erfolgserlebnis zurückblicken. Ich war nach einer anstrengenden Wanderung gut angekommen – wie schon so oft. Herrlich beim

Duschen, Wasser über die geschundenen Füße und Beine laufen zu lassen! Vom Fenster meines Zimmers aus hatte ich einen schönen Blick auf den Gemüsegarten und die waldigen Berge. Hinzu kam ein prächtiger gelber Sonnenuntergang. In der Nacht wachte ich mit starken Krämpfen in den Kniekehlen auf. Mühselig humpelte ich zum Rucksack und rieb mir die Beine nochmals mit Franzbranntwein ein. Das tut immer gut.

Am Morgen servierte mir Frau Struck eine Riesenportion Rührei und noch anderes mehr – sah ich so verhungert aus? Oder meinte sie, ich würde genau so viel essen wie die oft bei ihr übernachtenden Monteure? Außerdem stellte sie mir einen Extrateller mit Obst und Yoghurt als Reiseproviant bereit. Welch eine Gastfreundschaft! So bin ich bisher nirgendwo auf meinen Pilgerfahrten verwöhnt worden! Nach Höxter zurück bin nicht mehr gewandert, sondern mit dem Bus gefahren. Wer weiß, wie viele Kilometer ich an diesem Tag noch zu laufen hatte. Von Höxter ging es dann mit dem Zug nach Göttingen durch das herrliche Weserbergland. Vorbei an Beverungen mit der Benediktinerinnenabtei Herstelle und dem schön an der Weser gelegenen Karlshafen. Ließ meine Gedanken frei laufen. Dachte wieder einmal daran, dass mich der Besuch säkularer Sehenswürdigkeiten beim Pilgern eher stört. Lieber konzentriere ich mich auf den eigentlichen Weg, auf das Wesentliche.

Ein neues Zuhause

Anhand eines kleinen Faltblattes verschaffte ich mir nach meiner Ankunft in *Göttingen* einen Überblick von der mit einem Wall umgebenen Altstadt. Die neue Synagoge war allerdings noch nicht darauf verzeichnet, vielleicht lag sie außerhalb? Wohl fand ich das Mahnmal zur Erinnerung an die 1938 zerstörte alte Synagoge nahe am Wall. Dieses sollte das erste Ziel meines Pilgergangs in Göttingen sein. Nicht nur von der Formgebung her ist das Mahnmal als ein Ort der Erinnerung beeindruckend: In den halb in die Erde eingelassenen Raum führen Treppen hinunter, an den Wänden befinden sich Tafeln mit den Namen von Mitgliedern der alten Synagogengemeinde. Der Raum wird überragt von einer Art Gestell mit dem Grundmotiv des Davidsterns in Form einer lodernden Flamme. Nach einem stillen Gedenken machte ich mich auf den Weg zu der im Alten Rathaus untergebrachten Tourist-Information. Dort zeigte man mir den Standort der neuen Synagoge, die sich in nahezu entgegen gesetzter Richtung von der alten in einer kleinen Nebenstraße befindet.

Nach einem beschaulichen Gang durch die Altstadt kam ich wieder zum Wall und ging diesen in Richtung Synagoge entlang. Schon vom Wall aus konnte ich die gesamte Anlage ausmachen. Aus Platzgründen musste die neue Synagoge allerdings im rückwärtigen Teil des Grundstücks errichtet werden. Trotzdem fügt sie sich sehr gut in die umgebende Architektur ein. Direkt an der Straße und der Synagoge vorgelagert befindet sich das 1994 gegründete, in einem barocken Fachwerkhaus untergebrachte Jüdische Gemeindezentrum. Dieses ehemalige Pfarrhaus der St. Marien-Gemeinde wurde 2001 erworben und nach und nach renoviert. Bei meiner Ankunft war im Innern der Synagoge gerade ein Handwerker beschäftigt. So konnte ich mir schon einmal alles in Ruhe ansehen und auf mich wirken lassen. Ganz angetan war ich von der schlichten farblichen Gestaltung und der Kraft, die dieser kleine Raum ausstrahlt. Ich blieb einige Zeit in Gedanken versunken sitzen, stellte mir hier einen Gottesdienst vor.

Im Anschluss an diesen spirituellen Aufenthalt ging ich zum Gemeindehaus hinüber und wurde von der Geschäftsführerin sehr freundlich empfangen. Nach einem informativen Gespräch lud sie mich zu einem nochmaligen Besuch der Synagoge ein und wies mich auf bestimmte Besonderheiten hin: Unter den Bodenplatten befindet sich z. B. ein alter, unter Denkmalschutz stehender Färberofen. Der quadratische, acht mal acht Meter große Fachwerk-Bau wurde 1825 im nicht weit entfernten Bodenfelde errichtet und gilt als typische Landsynagoge. Sie gehört zu den wenigen Synagogen, die in der Pogromnacht im November 1938 nicht zerstört wurden. In den nachfolgenden Jahren diente sie u. a. als Scheune.

Irgendwann entdeckten Mitglieder des Jüdischen Zentrums diesen fast vergessenen Bau. 1998 bereitete die Gemeinde die Translozierung nach Göttingen vor, 2005 konnte mit den Bauarbeiten begonnen werden, 2008 fand die Einweihung statt – immer analog zu den finanziellen Möglichkeiten. Bei der Wiederherstellung wurde auf eine sparsame Umgestaltung geachtet. Die nur selten genutzte Frauenempore musste aus statischen Gründen leicht in der Tiefe verändert werden. Decke, Wände und Fenster sind in Weiß gehalten, der Boden ist mit dunkelgrauen Fliesen bedeckt, die Stühle haben eine blaue Polsterung. Eine harmonische Gestaltung und Farbgebung. Vielleicht sollen später einmal die ursprünglichen Wand- und Deckenfresken wieder hergestellt werden. Hinter einem rotgoldenen Vorhang befinden sich zwei Thorarollen, die älteste ist 150 Jahre alt und musste erst koscher gemacht werden. Zur Zeit hat die liberal ausgerichtete Gemeinde 170 Mitglieder, 90 Prozent von ihnen sind aus Osteuropa zugewandert. Dass sich die heutige Synagogengemeinde als einladendes, offenes Zentrum versteht, beweisen die hier regelmäßig stattfindenden Konzerte, Vorträge und Diskussionsveranstaltungen.

Bei meiner Weiterfahrt nach *Fulda* ließen mich die Gedanken an diesen Pilgerort nicht los. Die dort verbrachte Zeit mit ihren intensiven Eindrücken wirkte noch lange nach. Bis heute. Doch je mehr der Zug sich Fulda näherte, desto stärker stellte ich mich auf mein dortiges Pilgerziel ein: die Christliche Brüdergemeinde. In Fulda war ich wieder Gast in der Benediktinerinnenabtei zur Hl. Maria, auch um im Klostergarten ein wenig zu helfen. Bei der Ankunft traf ich im Klosterladen Sr. Johanna an, die sich sehr für meinen Besuch in der neuen Synagoge in Göttingen interessierte. Später begrüßten mich noch die beiden Gastschwestern Angela und Gertrud. Wie schön, wieder hier zu sein, geborgenes Aufgehobensein zu spüren! Am nächsten Tag sollte Freundin Renate meine gedachte Begleiterin im Garten sein, am darauf folgenden Freundin Angelika – beide sind große Garten- und Pflanzenliebhaberinnen. Das passt doch gut zusammen, so mein Gedanke.

Diesmal war auch wieder die inzwischen 92 Jahre alte Sr Agatha im Garten tätig und half beim Bewässern. Immer noch bewunderungswürdig ihre gerade und gelassen wirkende Körperhaltung. In einem kurzen Gespräch wünschte sie mir Gottes Segen für die weitere Pilgerfahrt – insgesamt der dritte mir zuteil gewordene Segenswunsch auf meinen Pilgerreisen. Ein bisschen wenig, eigentlich sogar zu wenig, finde ich nachträglich. Für ein kurzes Gespräch mit Sr Christa war ebenfalls Zeit. Wir unterhielten uns u. a. über Ulrike Meinhof und auch allgemein über die oft vernachlässigte Konzilianz. Später beim herzlichen Abschiednehmen beschloss ich, sie bis Walldürn ›mitzunehmen‹.

LASST EUCH VERSÖHNEN MIT GOTT *[und der Welt]*
Vor einiger Zeit hörte ich im Rundfunk ein Gespräch mit dem mennonitischen Theologen Fernando Enz. Im Mittelpunkt stand die Bergpredigt mit ihrem Verzicht auf Gewalt und Rache sowie der Anspruch, restaurative Gerechtigkeit nicht nur zu lehren, sondern vor allem zu leben. (Ich selbst ziehe allerdings den Begriff restitutive Gerechtigkeit vor.) Im Gespräch ging es vor allem um die Wiederherstellung der durch Gewalttaten zerstörten zwischenmenschlichen Beziehungen, aber auch um Versöhnung gegenüber der Welt. Tatsächlich steht die Bergpredigt sinnstiftend für die

Nachfolge Christi und ist den Anhängern dieser Glaubensrichtung verpflichtende Lebensordnung.

Während der Sendung erinnerte ich mich an die Christliche Brüdergemeinde in Fulda. Unter dem Eindruck des Gehörten sollte sie ebenfalls ein Ziel auf meiner multireligiösen Pilgerfahrt sein. Denn Versöhnungsbereitschaft beinhaltet auch, sich im Pilgern hin zum Göttlichen, zum Nächsten zu bewegen. In diesem Kontext musste ich darüber sinnieren, was eigentlich als gerechte Strafe bezeichnet oder verstanden wird. Exemplarisch dafür ist mir ein Passus aus der Wilsnacker Broschüre in Erinnerung, in der es um Bettler geht, die sich unter die Pilger mischten und im Falle des Entdeckens einer »gerechten Strafe« zugeführt wurden. Doch was ist gerecht: der Pranger, das Wegschließen, die Todesstrafe?

Dabei kam mir auch Dostojewskis Protagonist Fürst Myschkin aus dem Roman *Der Idiot* in den Sinn. Ebenso eine in einem israelischen Kibbuz vor 30 Jahren geführte Diskussion: War M. Vorbild oder eher ›Versager‹? Das hatte uns damals sehr bewegt. Durch Zufall stieß ich beim Nachlesen der *Studien zu Hegel* von Adorno auf dessen Aussage zu diesem Thema. Demnach wäre »Versöhnung durch den Geist inmitten der real antagonistischen Welt« eine bloße Behauptung. Trifft sie doch auf das Reale und so auf ein System unversöhnlicher Gewalt. Zu fragen ist auch, analog zu Anselm von Canterbury und Kant, ob Versöhnung tatsächlich um ihrer selbst willen ausgeübt wird oder nur aus äußerlichen Gründen.

Am frühen Nachmittag des zweiten Tages in Fulda trat ich dann in schwül-warmer Luft meinen Pilgergang zum Aschenberg an, wo sich das Haus der Christlichen Brüdergemeinde befindet. Der Weg zu diesem spirituellen Ort führte mich am Franziskanerkloster vorbei über den Frauenberg. Hier verweilte ich nur kurz, besuchte auch nicht den klösterlichen Friedhof, um wieder einmal das hohe Lebensalter der verstorbenen Mönche zu bestaunen. Weiter ging es durch die parkähnliche Anlage allmählich den Berg hinab. Von hier aus waren deutlich die Hochhäuser des Aschenbergs zu sehen und boten einen guten Orientierungspunkt. Aber noch befand ich mich im Tal zwischen Frauenberg und Aschenberg und hatte den ›Aufstiegspfad‹ zu finden und zu bewältigen.

Das dauerte ein wenig. An einer stark befahrenen Straße musste ich leider über einen Kilometer zurücklaufen. Dann endlich war ich auf der bergauf in das Wohngebiet Aschenberg führenden Straße. Dieser Stadtteil hat sich im Laufe der Jahre zu einem sozialen Brennpunkt entwickelt: stark verdichtete Bauweise, hohe

Arbeitslosigkeit, fast 80 Prozent Immigranten. Der nur mäßig steile Weg machte mir zu schaffen: kaum Schatten, viel Pflastertreterei, starke Sonne. Obwohl ich hier bereits vor zwei Jahren eine preisgekrönte Kleingartenanlage besucht hatte, musste ich mich neu orientieren. Oben im Zentrum der Siedlung angekommen, konnte mir nach einigem Herumfragen eine junge Passantin den direkten Weg zur Christlichen Brüdergemeinde zeigen.

Endlich stand ich vor dem monolithisch und trotzdem offen wirkenden, turmlosen Gebäude, das sich inmitten einer niedrig geschossigen Wohnanlage mit zum Teil russisch wirkenden Architekturelementen erhebt. Tatsächlich leben hier viele aus Russland stammende Migranten. Auch die Christliche Brüdergemeinde in Fulda ist eine Gründung russisch-mennonitischer Zugewanderter. Das 1988 errichtete Zentrum war geöffnet und frei zugänglich, sehr angenehm. Aus einem der Räume waren Frauenstimmen zu hören, ansonsten war niemand zu sehen. Zunächst aber musste ich mich erfrischen, knabberte etwas Mitgebrachtes und trank sehr viel Wasser. Danach setzte ich mich in den Kirchenraum. Lauschte auf die Frauenstimmen, die in russischer Sprache rezitierten und sangen. Sehr getragen, melancholisch. Die Stimmen berührten mich eigenartig, es war als ob die Töne traurig davonziehen. Um nicht zu stören, blieb ich für mich, wobei ich sicher herzlich begrüßt worden wäre. Bei einem kleinen Rundgang schaute ich mir alles aufmerksam an und hielt nochmals stille Einkehr. Ließ den weit ausladenden Raum auf mich wirken, nahm alles mit meinen Sinnen auf.

Über dem Eingang zum Kirchenraum ist der von mir als Motiv für diesen Pilgerort genommene Spruch *Lasst Euch versöhnen mit Gott* (2. Kor., 5,20) zu lesen. Schlichte weiße Wände, schmucklos, klare Oberlichtfenster, holzgetäfelte Decke. Der leicht oval geformte Chorraum wirkt wegen seiner Größe ein wenig dominant. Davor befindet sich ein von bepflanzten Trögen umrahmtes Pult, seitlich davon Flügel, Keyboard und Gitarre. Oberhalb des Zugangs zum Chor der Spruch *Selig sind die das Wort Gottes hören und es befolgen*. Rechts davon ein Bild betender Hände, links eine Zeichnung des Gebäudes. Über dem Chor ein rundes buntes Glasfenster mit eingelassenem Kreuz. Der gesamte Raum ist mit grauem Teppichboden ausgelegt, als Sitze dienen blau gepolsterte Bänke. Rechts und links vom Eingang befindet sich je ein Mutter-Kind-Raum mit Panoramafenster zum Kircheninneren. Da die Christliche Brüdergemeinde baptistisch orientiert ist, wird die Erwachsenentaufe praktiziert. Allerdings findet die Zeremonie außerhalb Fuldas in einem See statt. Die

Gemeinde selbst versteht sich als eine der vielen anderen christlichen Ortsgemeinden in Fulda mit guten Kontakten zu diesen.

Zurück im Kloster nahm ich an der Vesper und später an Komplet und Vigilien teil, die wegen des kommenden Feiertags Christi Himmelfahrt festlicher ausfielen. Traurig machte mich wieder einmal die Überalterung des Konvents mit den sich zunehmend gebeugter haltenden Schwestern. Am Abend reflektierte ich meine bisherige Pilgerfahrt und bereitete mich auf die kommenden Tage vor. Bis auf einige wohl nur von mir ›gefühlte‹ Unfreundlichkeiten war der Aufenthalt recht harmonisch gewesen. So konnte ich froh und dankbar sein. Wieder einmal. Das Abschiednehmen am nächsten Morgen stimmte mich zunächst traurig, musste ich mich doch erneut aus einer schützenden Umgebung hinaus in Unbekanntes begeben. Das fällt manchmal schwer! Aber vor mir lag wieder ein Pilgertag mit Zugfahrten und Wandern bis Walldürn. Beim Fahrkartenkauf am Fuldaer Bahnhof wollte man mich mit dem IC über Würzburg nach Aschaffenburg schicken. Doch reise ich beim Pilgern lieber entschleunigt mit Regionalbahnen. So bin ich näher am Leben!

Das Heilige Blut in Walldürn

Im Zug nach Schlüchtern ließ sich mir gegenüber ein junger Mann nieder. Er hieß Olaf, wie er uns drei mitreisenden Sitznachbarinnen gut formuliert erzählte. Sein Gepäck bestand u. a. aus einer großen Tasche voll leerer Flaschen. Am Morgen war er in Bremen gestartet. Alles hätte er allein geschafft, sollte keiner sagen, er wäre dumm und würde das nicht packen! Das sei doch pfiffig, wie er alles mache. Wir stimmten dem unisono zu – das baute ihn auf. Bevor er an der nächsten Station ausstieg, bat er uns eindringlich, dem Schaffner zu bestellen, er, Olaf, wäre im Zug mit einer gültigen Fahrkarte gewesen. Das haben wir dann auch getreulich erledigt und auch Grüße von ihm bestellt. Ein gutes Erlebnis! Interessant dabei war, wie unterschiedlich die beiden anderen Mitreisenden mit der Situation umgingen. Die Jüngere kommunizierte sehr ungezwungen, während die deutlich Ältere eher abweisend und ein wenig zynisch reagierte.

Auf der Fahrt dann von Gemünden nach Aschaffenburg ging es gemütlich quer durch den Spessart. Ich genoss die Aussicht auf die ruhig vorbei gleitende waldreiche Landschaft. Dachte an den Klosteraufenthalt in Fulda und fand diesmal die Zusammensetzung der Gäste anregender und vor allem herzlicher, was nicht immer der Fall ist. Auch eine Dänin war unter den Gästen, die von neu gegründeten Klöstern in Skandinavien berichtete. Während des Hinausschauens aus dem Zugfenster musste ich an die bisher von mir passierten Landschaften denken. Spannend: Erst am Weserbergland vorbei, dann an der westlichen Rhön, aktuell die das Augen erfreuende Fahrt durch den Spessart, später sollten noch der Odenwald, die Schwäbische Alb und dann wieder nördlicher der Taunus hinzukommen.

Den etwas längeren Aufenthalt in Aschaffenburg nutzte ich für eine kleine Mittagsmahlzeit. Auf der Fahrt nach Miltenberg überlegte ich, vorher auszusteigen und weiter am Main entlang zu wandern. Sah dann aber vom Zug aus den schattenlosen, in praller Mittagssonne liegenden asphaltierten Radwanderweg und verabschiedete mich von dieser Idee. Bin auch nur kurz durch das von Touristen wimmelnde *Miltenberg* gegangen und besuchte lediglich die St. Jakobus-Kirche. Vor dem Eingang war im Boden die Jakobsmuschel eingelassen. Ansonsten keine Hinweise auf den hier vorbeiführenden Jakobsweg.

Nach mehrfachem Herumfragen, die Beschilderung war wie so oft dürftig, gelangte ich endlich zum Wanderweg in Richtung Amorbach und Walldürn. U. a. kommunizierte ich mit einem Radwanderer aus Berlin, der ganz erstaunt war, dass es auch außerhalb Spaniens Jakobswege gibt. Er bedankte sich für meine aufklärenden Worte und meinte: Wieder was dazugelernt. Na bitte! Das macht Freude. Der schön angelegte, leider aber asphaltierte Weg verlief in freier Landschaft parallel zu Bundesstraße und Bahntrasse. War aber nur mäßig von Radlern befahren, bewandert schon gar nicht. Rechter Hand begleiteten mich die Hänge des Odenwalds. Große Ruhe in mir, keine Aufgeregtheit, viel Zuversicht. Doch machte mir die Wärme zu schaffen, auch muckten meine Knie etwas auf. So bin ich nur bis Amorbach gelaufen und mit der Regionalbahn nach Walldürn weitergefahren. Das war gut so! Wie schon auf der Fahrt durch den Spessart, waren auch in diesem Zug viele russisch sprechende Reisende unterwegs. Interessant.

Im Wallfahrtsort *Walldürn* fand ich nach einigem Suchen ein nicht zu teures Zimmer. Flure und Zimmer quollen über von Puppen und Kuscheltieren. Da hat sich aber jemand ausgetobt! Im Zimmer selbst ein schlichtes Kreuz über der Tür, also eine fromme Behausung. Am Abend bin ich noch kurz durch den Ort geschlendert. Die monumental wirkende Wallfahrtsbasilika St. Georg war schon geschlossen, ich lief also nur den großen Platz mit Kapelle und Altar ab. Walldürn gilt seit Anfang des 15. Jahrhunderts wegen eines sogenannten Heilig-Blut-Wunders als Wallfahrtsort. Seit über 300 Jahren ist die Kirche zudem Ziel weit gereister Prozessionen (so z. B. aus Österreich und Polen). Aus Fulda wandert zu Fronleichnam regelmäßig eine so genannte Flurprozession hierher, wie mir die Pensionswirtin berichtete. Wie versprochen, habe ich bei meinem Rundgang durch den Ort an Sr Angela im Fuldaer Kloster gedacht, die hier für einige Zeit lebte.

Während des ein wenig kargen Frühstücks am nächsten Morgen goss es draußen in Strömen, war ja auch angekündigt worden. Der Himmel grau in grau. Das konnte heiter werden! Am Nebentisch saß eine sich ebenfalls auf kurzer Pilgerreise befindende kleine Gruppe, die ihr Gepäck von Abschnitt zu Abschnitt mit dem Auto transportierte. Bei meinem Aufbruch klarte der Himmel auf, die Wolken verzogen sich. Tja, so ist das, wenn Engel unterwegs sind! Besuchte noch kurz die Basilika, kaufte ein wenig Proviant für unterwegs und trabte dann los zum Radwanderweg Richtung Buchen bzw. Rinschheim. Der führte teilweise durch freies Feld, zum Teil an der Straße entlang. Manchmal war auch ein Zug zu hören. Inzwischen sah es ganz nach einem sonnigen Tag aus.

Und so wanderte ich und wanderte ... dachte an die Pilger, die vor mir den Weg über Walldürn und weiter gegangen waren. Ruhevolle, von der Sonne beschienene weite Landschaft. Dachte auch an die vergangenen Tage und wie reich ich doch beschenkt worden bin und wie viel Freundlichkeit ich erfahren habe. Das wog die ebenfalls erfahrenen gelegentlichen Unfreundlichkeiten auf. Es tat gut, wieder ganz bei mir selbst zu sein. Allein auf dem Weg – ohne Ängste und Beklemmungen, wie es einem oft suggeriert wird. Wie schon zuvor, begleiteten mich auch auf diesem Weg die unermüdlichen Kuckucksrufe.

In Buchen (den Abzweig nach Rinschheim hatte ich verpasst) nahm ich den Bus in Richtung Osterburken, stieg dann irgendwo unterwegs aus und wanderte am Rinschbach entlang. Die ständige Pflastertreterei strengte aber ziemlich an, zumal sich im Brustbereich wieder Schmerzen bemerkbar machten. Da war also Vorsicht angesagt. So entschloss ich mich etwa fünf Kilometer vor Osterburken, dorthin mit dem Bus zu fahren, auf den ich längere Zeit warten musste (Ferientag!). Beobachtete den Himmel mit seinen dunklen Wolken, spürte einige Regentropfen, aß etwas und versuchte, das Warten kontemplativ zu nutzen, mich nicht vom Zeitgedanken hetzen zu lassen. In Osterburken suchte ich das nächste Café auf und stärkte mich genussvoll mit Kakao und Kuchen. Das tat gut!

WITH THE BLESSINGS OF SRI SITTI VINAYAGAR GANESHA

Auf der Fahrt von Osterburken nach Stuttgart stimmte ich mich im Zug mehr und mehr auf den Besuch des Hindu-Tempels in Bad Cannstatt ein. Genoss die Fahrt mit hochgelegten müden Beinen. Mit dem schauenden Aufnehmen der draußen vorbei ziehenden Landschaft tauchten Gedanken an meinem ersten Besuch in Maria Laach vor ein paar Jahren auf. Traf dort eine in Leipzig lehrende Indologin, die von den rituellen Handlungen besonders am Fest des hl. Benedikt sehr beeindruckt war. Auf meine flapsige Frage, ob das ganze ›Brimborium‹ nicht überzogen auf sie wirken würde, reagierte sie mit Enthusiasmus: Das alles erinnerte sie sehr an den Hinduismus und seine prächtigen Feste.

In Stuttgart angekommen, fuhr ich sofort nach *Bad Cannstatt* weiter. Dort fand ich schnell die Waiblinger Straße und das Gebäude mit den Tempelräumen, sah an der Fassade bunte Lämpchen und anderen Schmuck. Der den Tempel betreibende tamilische Hindu-Verein wurde 1988 in Stuttgart-Bad Cannstatt gegründet, der Tempel selbst besteht seit 2002. Die Eingangstür in der ersten Etage dieses mehr gewerblich genutzten Gebäudes war offen, einige Mitglieder des Hindu-Vereins waren mit den Vorbereitungen für den Gottesdienst beschäftigt. Nachdem ich mich kurz vorgestellt und das Anliegen meines Besuchs erläutert hatte, lud mich einer der Gläubigen freundlich zum Weitergehen in den eigentlichen Tempelraum ein. Dort wurde ich dem hinzu kommenden Priester vorgestellt. Wir begrüßten uns, ich ganz korrekt mit Verbeugung und aneinander gelegten Handflächen. Während der Priester mit dem Säubern der im Schrein befindlichen Gottheiten begann, erklärte mir mein Begleiter den Tempel bzw. versuchte es, sprach dabei ziemlich schnell und für mich wenig zusammenhängend. Vieles habe ich verstanden, konnte auch die Namen einiger der dargestellten Gottheiten mitschreiben, anderes musste ich später recherchieren.

In der Mitte des Schreins befindet sich die Figur der Gottheit Ganesha, zu seiner Rechten sitzt Muruga, zu seiner Linken Muhambi Ambal. Der Name des Tempels *Sri Sitti Vinayagar Kovil* bedeutet wörtlich: Tempel (Kovil) des Herrn, der zur Vollendung Hindernisse beseitigt (Vinayagar). Ganesha, ein Sohn des Shiva, wird dargestellt als dickbäuchiger Mann mit Elefantengesicht, sein Attributtier ist die Ratte. Muruga bzw. Murugan, Bruder von Ganesha, gilt als Gott des Krieges und genießt große Verehrung bei den tamilischen Hindus. Er wird oft mit waffenähnlichen Symbolen und auf einem Pfau, seinem Attributtier, sitzend dargestellt. Muhambi Ambal, geschmückt mit Perlenkette und Blumenkranz, ist eine der zahlreichen

Manifestationen der höchsten hinduistischen Göttin Parvati, im Kult vereint mit Durga, der Gattin des Gottes Shiva. Sie ist die auf einem Löwen oder Tiger sitzende Maha Devi, die Große Mutter, und besitzt vor allem Bedeutung als Schutzgöttin.

Diese drei Gottheiten nehmen bei den Kulthandlungen einen wichtigen Raum ein: beim Puja (Gottesdienst) sowie bei Festen und Prozessionen. Die Wände sind geschmückt mit Bildern weiterer Gottheiten von kultischer Bedeutung. Wichtig ist bei der Einrichtung eines Hindu-Tempels die räumliche und physikalische Übereinstimmung mit der Welt der Götter und der der Menschen. Philosophisch gedeutet, stellen alle Göttinnen und Götter verschiedene Erscheinungsformen bzw. Gesichter einer einzigen Gottheit dar.

Leider konnte ich nicht alles in Ruhe anschauen, mich spirituell kaum konzentrieren und auf mich wirken lassen. Ständig wurde auf mich eingeredet, es fehlte mir ein Ort der Stille und des Rückzugs. Das habe ich sehr bedauert. Wegen der Unruhe und des Gewusels um mich herum verabschiedete ich mich daher bald. Vielleicht hätte der Raum sich mir während des späteren Puja besser erschlossen, doch wollte ich nicht weiter den Ablauf stören.

Nach diesem etwas enttäuschend empfundenen Pilgerbesuch machte ich mich mit der nächsten Regionalbahn auf den Weg nach Bad Urach. Wieder einmal. In Plochingen das Hundertwasser-Haus dicht an der Bahnlinie bestaunt. Es fügt sich gut in die Umgebung mit seinem quadratischen Turmbau und den vier goldenen Kugeln ein. In Urach übernachtete ich erneut im Gästehaus der Walters, von denen ich herzlich aufgenommen wurde. Am nächsten Tag unternahm ich eine kleine Wanderung um Urach herum, ansonsten war Entspannung angesagt.

ICH BIN DOCH DER BUNDESDEUTSCHE RELIGIÖSE FIGURATIVE [ANSGAR]
Nach meinem samstäglichen Ruhetag fühlte ich mich am Sonntag fit genug für einen Besuch in *Reutlingen*, um die Gedenkausstellung zum 100. Geburtstag von HAP Grieshaber zu besuchen. Eine Wanderung dorthin war mir wegen der Hitze und der vielen Steigungen unterwegs zu anstrengend, zumal es keinen ausgewiesenen Wanderweg geben sollte. Also musste wieder einmal die Bahn herhalten. Eine kluge Entscheidung, war es meinem Empfinden nach doch recht schwül. Noch vor Antritt meiner Pilgerfahrt hatte ich mir Grieshabers Buch *Malbriefe* vorgenommen und auf religiöse Aussagen bzw. Bezüge abgeklopft. Während der Fahrt nach Reutlingen

musste ich an den ebenfalls von der Schwäbischen Alb stammenden Künstler Andreas Felger und seinen so ganz anderen, mir zu esoterisch erscheinenden Stil denken.

Das Städtische Kunstmuseum Spendhaus präsentierte unter dem Titel *Grieshaber und die Moderne* auf insgesamt sechs Ebenen Arbeiten des großartigen Holzschneiders neben Werken ihn beeinflussender Künstler. Immer wieder beeindruckend die Vielfalt und Wucht der von Grieshaber komponierten Farben. In seinem Gesamtwerk finden sich tatsächlich starke Bezüge zu religiösen Themen. So im *Totentanz von Basel*, in der Reihe *Engel der Geschichte*, im *Kreuzweg* mit Meditationen des polnischen Kardinals Wyszyński. Allerdings waren in der Ausstellung Auszüge aus diesen Werken nicht zu sehen, oder war ich nicht aufmerksam genug? Trotzdem war dieser Schlenker zu Grieshaber (ohne Besuch seiner Wirkungsstätte auf der Achalm) für mich persönlich ein wichtiger Teil der Pilgerfahrt. Letztendlich habe ich nicht nur eine Gedenkausstellung besucht, sondern auch Abschied von einem Kunstschaffenden, dessen Werk mich lange begleitete, und von einer Ära genommen.

Am Montag setzte ich die Pilgerfahrt in Richtung Norden mit gemischten Gefühlen fort. Musste Enttäuschendes verarbeiten, vermisste auch mitunter das Kontemplative, musste mich stark auf die Bewältigung der mir selbst gestellten Aufgaben konzentrieren. Dann gab es aber immer wieder gute Erlebnisse, wie das im ICE von Stuttgart nach Frankfurt. Neben mir nahm eine Frau Platz, etwas jünger als ich, die sehr bald mit mir kommunizierte. Sie wirkte ziemlich aufgewühlt, berichtete vom Besuch bei ihren Kindern in Stuttgart und wie sehr der Abschied von ihnen schmerzte. Weinte ein wenig, ich versuchte sie zu trösten. Sie kam aus Fürstenwalde, erzählte mir viel aus ihrem Leben, auch dass sie mit der Entwicklung seit 1989 durchaus zufrieden war. Musste dabei an die Unterhaltung mit der Pensionswirtin in Ilsenburg denken – welch ein Unterschied! Eins, zwei, drei waren wir in Frankfurt, wo wir uns herzlich voneinander verabschiedeten. Sie bedankte sich für mein Zuhören, für die Begleitung, überhaupt für unser Gespräch: Jetzt war ihr schon leichter ums Herz. Das machte mich froh, konnte ich doch etwas von dem weitergeben, was ich selbst empfangen hatte.

Der Glanz Gottes
Von Frankfurt aus fuhr ich gegen Mittag mit der S-Bahn direkt bis Lorsbach bei *Hofheim*. Nach einem Blick auf den Ortsplan trat ich sofort den Pilgergang zum

Baha'i-Tempel an. Dieser war allerdings wegen Innenarbeiten zur Zeit nicht geöffnet, ich kannte aber das Bauwerk aus dem Internet und von Abbildungen. In ziemlicher Hitze ging es auf einer schattenlosen Straße bergauf, im Wald fand ich dann nicht den Abzweig zum Tempel, also wieder zurück ins Zentrum. Eine Passantin wies mir einen direkteren Weg und meinte, es wäre noch ein ganzes Stück zu laufen. Dabei sah sie mich zweifelnd an, ob ich das wohl packen würde in der Mittagshitze. Die ersten gut 1000 Meter hielt ich tapfer durch, dann begann es am Kopf zu kribbeln, die Haut zog sich zusammen, meine innere Stimme warnte mich.

Daher ließ ich Tempel Tempel sein, deckte mich in einem nahen Supermarkt mit Essen ein und vesperte am Bahnhof in aller Ruhe. Um den Zug nach Limburg zu erreichen, musste ich zurück nach Hofheim fahren. Dort verpasste ich um Sekunden die entsprechende Regionalbahn – wunderbar dieses Timing bei der Bundesbahn! Das bedeutete wieder eine Stunde Wartezeit, aber Zeit sollte beim Pilgern eigentlich keine Rolle spielen. Später, während der gemächlichen Zugfahrt durch den westlichen Taunus, rief ich mir manches über die Religion der Baha'i ins Gedächtnis. Sah auch den hohen Kuppelbau mit seinen weißen Streben vor meinem inneren Auge. Nach meiner Rückkehr besuchte ich dann in Bremen das Baha'i-Zentrum, um mein Grundwissen zu vertiefen:

Der Baha'ismus ist in Persien in der Mitte des 19. Jahrhunderts aus der Religionsgemeinschaft der noch jungen Babi-Bewegung hervorgegangen. Deren Gründer nannte sich Báb (Pforte, Erkenntnis) und legte den schiitischen Islam in einem mystischen Sinn aus, strebte soziale Reformen und eine stärkere Position der Frauen an. Er verhieß seinen Anhängern das baldige Erscheinen des verborgenen 12. Imam als Gottesboten und sah sich selbst als dessen Vorläufer. Mit dem Auftreten des von ihm angekündigten und sich selbst als solchen offenbarenden Bahá'u'lláh (Herrlichkeit Gottes) begann 1863 die Zeit der Erfüllung. In seiner Person manifestiert sich die letzte Offenbarung in der Nachfolge von Jesus und Mohammed bis zu einer möglichen nächsten. Die religiösen Verkündungen beinhalten u. a. die Einheit aller Religionen mit der Anerkennung ihrer heiligen Schriften und die völlige Gleichberechtigung von Frauen und Männern. Vor allem aber wird ein neues Friedenszeitalter mit einer sich einig fühlenden Menschheit angestrebt. Als *Goldene Regel* gilt den Baha'i diese Sentenz:

Und wenn du auf Gerechtigkeit siehst,
dann wähle für deinen Nächsten,
was du für dich selbst wählst.

Außer dem zuerst gebauten Tempel in Haifa befindet sich inzwischen auf jedem Kontinent einer. Der für Europa wurde 1964 in Hofheim/Taunus als *Haus der Andacht* errichtet. Der etwas spitz aufragende Kuppelbau wird von einem breiteren Unterbau mit neun Eingängen umrundet. Jeder Eingang steht symbolisch für eine Religion. Helle vertikale Betonstreben tragen die Kuppel mit vielen kleinen Fensterscheiben. Innen dominieren die Farben Blau für die Baha'i und Grün für den Islam. Wegen seiner formgebenden Architektur aus den 1960er Jahren steht der Tempel inzwischen unter Denkmalschutz.

Die gemütliche Zugfahrt über Limburg nach Koblenz entlang der Taunusberge und der sich dahin schlängelnden Lahn habe ich sehr genossen. Es tat gut, unterwegs zu sein, ohne sich zu sehr physisch zu verausgaben. Während der Fahrt von Koblenz nach Düsseldorf war vom Zugfenster aus über dem Rhein eine dunkle Wetterfront zu sehen. Das verhieß nichts Gutes. So war es auch. Es kam die Ansage, der Bonner Hauptbahnhof sei wegen Unwetters gesperrt und der Zug müsse in Bad Godesberg vielleicht eine Stunde warten. Uns Reisenden wurde ein kostenloses alkoholfreies Getränk im Bistro angeboten. Welch ein Service! Eßbares wäre mir lieber gewesen. Nächste Durchsage: Der Zug fährt doch zum Bonner Hauptbahnhof, die Strecke zwischen Bonn und Köln sei noch gesperrt, wir könnten aber mit dem von der Bahn zu zahlenden Taxi zum Bahnhof Bonn-Beuel auf der anderen Rheinseite fahren und von dort weiter in Zielrichtung. Vor dem Serviceschalter im Bonner Hauptbahnhof bildeten sich einige Fahrgemeinschaften, schnell konnte ich mich einer solchen anschließen. Los ging es mit Lachen, teilweiser Besorgnis sowie ein wenig Meckerei über die recht lahme Bundesbahn. Später im Zug kam es noch zu aufheiternden Gesprächen mit einigen mitreisenden Frauen, während der Zugbegleiter einen recht genervten Eindruck machte, freundlich ausgedrückt.

  Endlich kam ich um etwa 20 Uhr in Düsseldorf an – zwei Stunden später als geplant. Und diese Stunden fehlten Freundin Beate und mir. Trotzdem führten wir noch ein wunderbares, intensives Gespräch. Vorher aber konnte ich mich endlich mit einer guten Suppe und anderem stärken. Für die Gastfreundschaft, das geduldige Zuhören und die hilfreichen Ratschläge ein großes Dankeschön, liebe Beate!

MASDSCHID – ORT DES NIEDERWERFENS
Auf ging es nach *Duisburg* am letzten Tag dieser meiner multireligiösen Pilgerreise. Duisburg war insofern gut gewählt, da hier der bis Höxter führende Hellweg seinen Anfang nahm (oder war es das Ende?): Analog zu Anfang und Ende auch meiner Pilgerfahrt. Auf dem Programm stand der Besuch der neu erbauten Moschee in Duisburg-Marxloh, zu der ich eigentlich wandern wollte. Doch am Bahnhof erhielt ich den guten Rat, besser mit der Straßenbahn zu fahren, es sei recht weit, der Weg nicht so angenehm. Gehört, getan.

Der Weg nach Marxloh war wirklich elendig lang und nicht immer freundlich bzw. erbauend anzusehen, doch industriehistorisch interessant: vorbei am Hafen und zugeordneten Anlagen, durch Wohngebiete und am Thyssen-Gelände entlang. Der Stadtteil selbst gilt als stark erneuerungsbedürftig und wird entsprechend gefördert. Dazu gehört auch der Neubau der Moschee. Tatsächlich ist Marxloh inzwischen zur Heimat vieler muslimischer Migranten geworden. In der Straßenbahn und später auf dem Weg zur Moschee wurde mir immer bereitwillig Auskunft erteilt. Das anfänglich recht abweisende Gesicht eines türkischen Kioskbesitzers hellte sich allerdings erst bei meiner Frage nach dem Standort der Moschee deutlich auf, na bitte – und warum erst dann?

Um 2004 entstand die Idee, die eher provisorisch untergebrachte bisherige Moschee durch einen würdigen Neubau zu ersetzen. Um die gewünschte Offenheit und Transparenz zu erreichen, wurde ein Beirat mit Vertretern von Kirchen, Parteien, Gewerkschaften und anderen gesellschaftlichen Gruppen als Querschnitt der Marxloher Bevölkerung gebildet. Träger ist der Ditib-Dachverband (Diyanet Işleri Türk-Islam Birliği=Türkisch-Islamische Union der Anstalt für Religion). Die Moschee selbst versteht sich als eine Art Begegnungsstätte. Sie liegt etwas versteckt in einer Seitenstraße und passt sich trotz ihres Volumens gut der Umgebung an. Der rechteckige Bau erhält seine Prägung durch die unterschiedlich großen byzantinisch-osmanischen Kuppeldächer. Im Oktober 2008 wurde die Moschee unter großer öffentlicher Anteilnahme eingeweiht. Ganz bewusst haben die Initiatorinnen dieses Projekts sich an den Bedürfnissen der Marxloher Muslime orientiert und daher eine traditionelle Architektur bevorzugt, leider.

Beim Umrunden des Gebäudes traf ich am Eingang zum Büro auf zwei junge Frauen, die mir den Weg ins Innere zeigten. Sie nahmen mich als Pilgernde freundlich und interessiert auf, ich erzählte von meinen bisherigen Stationen – und war willkommen. Außer mir war nur noch eine kleine Gruppe Frauen in der Moschee. So konnte ich mich intensiv auf den hohen Licht durchfluteten Raum einstellen. Oberhalb des Eingangsbereichs befindet sich die Frauenempore, von der es ebenfalls einen guten Blick auf Predigtkanzel, Vortragspult, Gebetsnische und vor allem auf die Ausschmückungen im Kuppelbereich gibt. Auf dem elfenbeinfarbenen Grund kommen die verschlungenen Muster der Kalligraphien und Blumenornamente gut zur Geltung. Alles in allem ein Ort der Ruhe und der Besinnung.

Ich setzte mich für eine Weile auf den mit roten Teppichen ausgelegten Boden. Überdachte vieles: den Weg hierher, die Heimfahrt, die vielfältigen Eindrücke. Danach rastete ich kurz im Bistro bei einem großen Glas Milch und Keksen. Diesen Bereich dominierten eindeutig Männer, nicht gerade angenehm, den oft taxierenden und ›hungrigen‹ Blicken ausgesetzt zu sein. Tief durchatmen!

Die Rückfahrt nach Bremen trat ich mit sehr gemischten Gefühlen an, fühlte mich aber nicht überfordert. Eher herausgefordert – und erschöpft. Zuhause angekommen, war anfangs kaum Zeit, richtig Luft zu holen und in Ruhe wieder den Alltag anzunehmen. Denn die anhaltende Trockenheit hatte deutliche Spuren im Garten hinterlassen: Traurig schauten mich die Pflanzen an, bettelten sozusagen um Wasser. Und so stürzte ich mich voller Schwung in die Arbeit. Das wiederum verursachte erneut Schmerzen im Brustbereich mit nachfolgender Niedergeschlagenheit und Traurigkeit. Sowieso fühlte ich mich noch lange ziemlich ausgelaugt.

War das nun ein Resultat meiner Pilgerfahrt mit unterschiedlichen Zielorten? Jein. Tatsächlich bewegte mich Positives und Negatives, wie immer. Vor allem der Besuch der Moschee wirkte noch im Nachhinein durch die räumliche Wucht fast erschlagend auf mich. Und welch ein Gegensatz zur stillen Synagoge in Göttingen und zum koptischen Kloster! Dabei musste ich an den jungen Seminaristen in Warburg denken und wie entspannt unsere Begegnung verlief. Aber auch an das Kloster in Brenkhausen. Hier rief ich mir nochmals in Erinnerung, dass das christliche Mönchtum seinen Ursprung in der Koptischen Kirche hat.

Hilfreich auf dieser Pilgerfahrt war, die Erwartungen nicht zu hoch angesetzt zu haben, nicht mit Vor-Beurteilungen beladen unterwegs gewesen zu sein.

Insofern erübrigen sich auch bewertende Vergleiche. Jeder zu erpilgernde Raum stand für sich, manches hat mich angesprochen, anderes weniger berührt. Und wo habe ich mich tatsächlich spirituell verorten können? Vor allem in der Synagoge und dem Kirchenraum der Christlichen Brüdergemeinde. Eine andere wichtige Erkenntnis brachte mir die häufige Nutzung öffentlicher Verkehrsmittel: Immer wieder gab es Gelegenheiten zur intensiven Kommunikation mit der Umwelt. Das belebt, konnte ich doch oft etwas geben und empfangen. Also weiter so in diesem Modus!

Abb. 5: *Baha'i-Tempel Langenhain*

Angekommen!

Klosterkirche Marienstuhl Egeln
Quedlinburg
Klosterkirche Helfta Eisleben
Naumburg
Erfurt

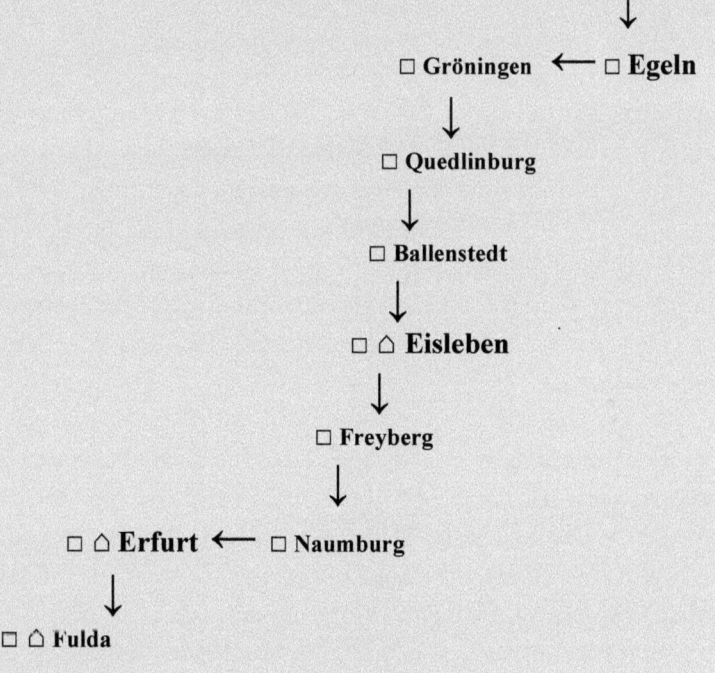

Versöhn dich mit dir selbst
Anselm Grün

WIEDER EINMAL IM OKTOBER

packte ich nach längerer ›Ruhezeit‹ erneut den Rucksack, um meiner Neugier auf den am Ostharz entlang führenden Jakobsweg nachzugeben. Zwar sollte mein Pilgerzyklus mit der multireligiösen Fahrt beendet sein, doch fühlte ich mich noch seltsam unbefriedigt. Es fehlte etwas, etwas Abschließendes. Und da mir der Weg am Nordharz entlang so gut gefallen hatte, sollte auch die östliche Seite erkundet werden. Zudem wollte ich gegen den immer wieder auftretenden Blues angehen. Und mich wieder von jemand ›begleiten‹ lassen. Was allerdings wohl nicht so gut ankam. Schade. Trotzdem fühlte ich mich unterwegs nicht allein und gut begleitet.

Wie im März ging es wieder mit dem Zug erst nach Magdeburg und dieses Mal sofort weiter per Bus nach *Egeln*. Dort begann also meine eigentliche Pilgerreise. Das in der Mitte des 13. Jahrhunderts entstandene Zisterzienserinnenkloster Marienstuhl stellte sicherlich auch für Pilgernde einen Ort der Rast und spirituellen Einkehr dar. In ihrem Inneren weist die 1734 neu erbaute Klosterkirche eine »einzigartige barocke« Gestaltung in bläulich schimmerndem Holz auf. Und die auf der Nonnenempore befindliche gotische Marienstatue von 1450 besitzt als Gnaden- und Wallfahrtsmadonna nicht nur regionale Bedeutung.

Um die Kirche betreten zu können, musste ich mich im Pfarrhaus melden. Dank einer kurzen Führung durch den aus Schlesien stammenden Pfarrer erschloss sich mir die herrlich ausgeschmückte Kirche mit ihren Exponaten auf wunderbare Weise. Voller Stolz betonte er, dass diese für Norddeutschland einmalig schöne Barockkirche es durchaus mit einer bayerischen aufnehmen könnte. Dem konnte ich begeistert zustimmen. Vermisst habe ich allerdings den für mich wichtigen ruhigen Moment der Andacht. Beim Verabschieden beschrieb der Pfarrer noch den Pilgerweg nach Gröningen und bot mir für alle Fälle eine Pilgerunterkunft im Pfarrheim an. Mich trieb es aber hin zum Weg, wollte noch tüchtig meine Beine bewegen!

Nach einem kurzen Gang durch den Ort lief ich direkt auf den alten Verbindungsweg nach Gröningen über Hakeborn und Kroppenstedt zu. Musste nur noch die in Richtung Aschersleben führende Bundesstraße überqueren. Vor mir tat sich ein einladender Anblick auf: Quer durch die einsam daliegende und unbebaut wirkende, leicht hügelige Landschaft zog sich der Weg wie ein etwas ungerades Band mit knorrigen Bäumen am rechten Rand hin. Urtümliche Steinpflasterung mit gut begehbarem Seitenrand. Das Ende des Weges verlor sich irgendwo am Horizont. Er bot sich mir dar wie aus einem alten Gemälde in die Wirklichkeit versetzt. Ein starkes Erlebnis. Fühlte mich in einen anderen Zeitrahmen versetzt.

Los ging es dann voller Erwartung und Freude auf den bereits von vielen Pilgern begangenen Weg. Beim Zurückblicken in Richtung Magdeburg sah ich eine dunkle Wetterwand im Norden. Kam diese etwa auf mich zu? Nein, dachte ich, die zieht vorbei, die vom Wind bewegten Grashalme zeigen doch eine andere Richtung an. Wirklich? Tatsächlich rückte das kleine Unwetter immer näher, der Wind verstärkte sich. Und auf einmal war ich mittendrin: Windböen zausten mich, der Regen prasselte, wurde härter. Ich tapfer weiter von Baum zu Baum, wo ich etwas Schutz fand. Eisregen piesackte mich und weißte den Weg. Doch im Nordosten zeigte sich bald wieder ein heller Lichtstreifen und versprach Besserung. Wie fühlte ich mich dabei? Schön. So eine Herausforderung ist das Salz beim Pilgerwandern. Es wäre auch langweilig, nur im Sonnenschein und ohne Anstrengung unterwegs zu sein. Die nach Süden ziehende Wetterfront bescherte dort zwar noch einen grauen Himmel, ansonsten zeigte sich wieder die Sonne mit einem blauen Hintergrund.

  Vor mir kamen auch schon die ersten Häuser der kleinen Ortschaft *Hakeborn* in Sicht. Dabei rief ich mir mein Wissen über die aus dem Geschlecht der Edlen von Hackeborn stammende Mystikerin Mechthild des Klosters Helfta in Erinnerung. Im Ort selbst ging ich ein wenig auf der Suche nach dem Weg in Richtung Kroppenstedt in die Irre und kam dabei zu einer Anhöhe. Auf dieser befindet sich der Turm der Alten Warte mit einem herrlichen Blick auf die im spätnachmittäglichen Licht sich ausbreitende Bördelandschaft. Von hier aus konnte ich endlich den richtigen Weg nach Kroppenstedt ausmachen. In Sichtweite befand sich ebenfalls die Bundesstraße nach Halberstadt. Der Weg selbst wirkte irgendwie belebter durch ein herumkurvendes Baufahrzeug und einige andere Passanten. Mit einem mir begegnenden Radfahrer kam es zu einem kurzen Gespräch. Allmählich verschwand links von mir im Westen die Sonne hinter einer Hügelkuppe. Ob ich es noch bis Gröningen schaffen würde?

  Da es immer dämmriger wurde, musste ich wohl in Kroppenstedt übernachten. Am Ortseingang überholte mich der selbe Radfahrer und beschrieb mir den Weg zu einer Pension. Meinte noch, zur Not könnte ich auch bei der Kirche nachfragen, dafür wären »die« ja da. Die vielen anschlagenden, in den Vorgärten wachenden Hunde ließen mich immer wieder hochschrecken. Muss hier wohl ein gefährliches Pflaster sein. Bei Dunkelheit fand ich endlich die fragliche Pension und ein für diesen Ort recht teures Zimmer. Trotzdem war ich erleichtert. Vor dem Einschlafen resümierte ich den ersten Tag mit seinen Eindrücken. Besonders der Pilgerweg von Egeln nach Hakeborn berührte mich tief und nachhaltig.

Am nächsten Morgen stellte ich fest, dass es von hier bis Quedlinburg, meinem übernächsten Zielort, nur 23 Kilometer waren. Sollte ich den direkten Weg dorthin nehmen? Nach kurzem Überlegen zog ich es doch vor, meinen Weg über Gröningen fortzusetzen, zumal die Straße keinen schützenden Seitenweg besaß. Also weiter auf dem Jakobsweg entlang der Bundesstraße mit begleitendem Radwanderweg. Der Verkehr brachte viel Lärm und Unruhe, aber der schöne weite Blick in die Magdeburger Börde hinein und weiter bis zum Höhenzug des Huywaldes entschädigte mich. Der Himmel sah vielversprechend aus: keine Regenwolken in Sicht. So war es trotz des Verkehrs ein angenehmes Wandern. In *Gröningen* durchquerte ich den Ortskern, wo ich im kleinen Museum kurz rastete und mich mit einer Mitarbeiterin u. a. über den gegangenen Weg unterhielt. Stärkte mich in einem Supermarkt mit einem Imbiss und schaute noch am ehemaligen Benediktinerkloster vorbei. Dieses wurde 936 von Corvey aus gegründet und 1550 aufgelöst. Die zugeordnete Klosterkirche St. Vitus, eine romanische Basilika, ist berühmt für ihren seltenen oktogonalen Vierungsturm. Da noch die Egelner Klosterkirche in mir nachwirkte, hielt ich mich hier nur kurz auf.

Weiter ging es mit dem Bus in Richtung Halberstadt, den ich in Harsleben verließ, um dort den Bus nach Quedlinburg zu nehmen. Rechterhand war anfangs der leicht verschneite Harz noch deutlich zu sehen und dann allmählich verschwindend. In *Quedlinburg* absolvierte ich einen nicht so ausführlichen Rundgang (die Stadt war mir einfach zu voll). Auf meinem Weg lag die St. Nikolai-Kirche, der ich einen kurzen Besuch abstattete. Warum ich nicht auch die Wipertikirche, ein Beispiel schöner romanischer Baukunst, aufsuchte? Ich weiß es nicht. So eine Unachtsamkeit kann einem schon mal passieren. Immerhin dachte ich daran, dass auch hier die Prämonstratenser aktiv waren.

Da es keinen ausgesprochenen Wanderweg direkt nach *Gernrode*, der nächsten Station auf dem Jakobsweg, gab, pilgerte ich per Motorkraft dorthin. Unterhielt mich während der Fahrt mit dem Busfahrer über meine Wanderroute. Er war selbst ein großer Wanderfreund und konnte mir daher ausführlich den Weg von

Gernrode nach Ballenstedt beschreiben. Wir unterhielten uns prächtig und verabschiedeten uns in Gernrode herzlich voneinander. Winkten uns sogar noch zu. Das war wirklich eine nette Begegnung! Tatsächlich: Wie versprochen, war der Weg angenehm zu laufen mit herrlichen Ausblicken auf das Ostharzer Vorland. Besser ging es nicht! So konnte ich mich ganz kontemplativ auf diesen Weg einstellen. Empfand wieder einmal tiefe Dankbarkeit für das, was mir bisher an Kommunikation und Freundlichkeit zuteil geworden war. Auch für das gute Gelingen und den einmaligen Weg von Egeln nach Hakeborn.

Ballenstedt selbst wird für die mittelalterlichen Jakobspilger auch eine wichtige Funktion besessen haben. Bot doch das im 12. Jahrhundert gegründete Benediktinerkloster Möglichkeit der Rast und Versorgung. Auf der Suche nach einer Unterkunft musste ich kreuz und quer durch den Ort laufen und öfters fragen. So traf ich auf eine recht mitgenommen aussehende Frau in Begleitung ihres kahl geschorenen Sohnes. Beide waren anfangs sehr distanziert, abweisend (was will die von uns?), beschrieben mir dann aber recht freundlich den Weg ins Zentrum, erwiderten sogar mein Lächeln. Beim Besuch der spätgotischen, düster wirkenden St. Nikolai-Kirche, wies mir der gerade anwesende Küster den direkten Weg zu einer nahe gelegenen Pension. Dort wurde ich von den Wirtsleuten freundlich empfangen. Fühlte mich sofort wohl und auch geborgen. Manchmal zehrt es doch an einem, ob ein Bett für die Nacht zu finden ist oder nicht.

Besonders nett fand ich die Hilfe bei der Suche nach einer Busverbindung in Richtung Eisleben für den kommenden Tag. Der Besitzer kannte sich als Einheimischer gut aus und riet mir vom Wandern in Richtung Hettstedt ab: Es gebe keinen direkten Wanderweg, die viel befahrene Straße sei ohne Seitenweg und läge offen in der Landschaft, also ohne begleitende schützende Natur. Auch das ehemalige Kloster Mansfeld sollte ich lieber umgehen, um nicht enttäuscht zu werden. Das hieß, wieder einmal umzuplanen und sich per Bus übers Land schaukeln zu lassen. Diese Option kam mir allerdings gut zupass: Bedingt durch den Kälteeinbruch war ich sehr erschöpft, meine oberen Brustrippen schmerzten wieder einmal, ein anhaltendes Kältegefühl machte sich bemerkbar, Lippen und Finger schimmerten bläulich. Mit Notfalltropfen, einigen Tai-Chi-Übungen und einem guten Abendessen in einem Restaurant päppelte ich mich aber schnell wieder auf (der Wirt hätte allerdings freundlicher sein können.)

Als ich am nächsten Morgen, dem dritten Tag meiner Pilgerfahrt, auf den Bus Richtung Eisleben wartete, kam ich mit einer aus Schlesien stammenden, über 80-jährigen Frau ins Gespräch. Sie erzählte mir von ihrer Familie, den Kriegsereignissen, dem Verlust ihres Verlobten und einiger Angehöriger, von der Flucht und dem Neuanfang. Trotz oder gerade wegen ihrer unbewegten Miene sehr anrührend. Das Wetter sah nicht gerade viel versprechend aus: bedeckter Himmel, eisiger Wind. Da habe ich mich doch auf die Busfahrt gefreut.

Während der Fahrt über Aschersleben und durch *Hettstedt* beobachtete ich genau die vorbei gleitende Landschaft, um in der Nähe der Straße befindliche Wege auszumachen. Nichts! Obwohl es durchaus zu bewandernde Wege durch die Landschaft geben soll. Allerdings mit Umwegen und größeren Entfernungen. In Hettstedt bewunderte ich nur vom Bus aus die mittelalterliche St. Jacobi-Kirche. Langsam regnete es sich ein. Mit Hilfe der Tourist-Information fand ich gegen Mittag in *Eisleben* direkt in der Innenstadt eine kleine Pension über einer Bäckerei. Anheimelndes Zimmer mit Aussicht auf kleine Hinterhöfe und einen Teil der Lutherstadt.

Für die zweite Tageshälfte hatte ich mir einiges vorgenommen: Mittagessen, Stadterkundung, Kirchenbesuche, ein wenig Ausruhen und vor allem eine kleine Pilgerwanderung zum Kloster Helfta. Das preiswerte warme Mittagessen war schnell erledigt. Die Stadt selbst wirkt trotz ihrer Bedeutung vernachlässigt und benötigt dringend renovierende Maßnahmen. In Erinnerung blieben mir u. a. die St. Gertruden-Kirche mit ihren farbintensiven Glasfenstern sowie einige Orte zum Gedenken an Martin Luther.

Nach einem kurzen Mittagsschlaf und einem Plausch mit der jugendlichen Mitarbeiterin in der Bäckerei pilgerte ich zum *Cistercienserinnenkloster St. Marien zu Helfta*. Die endlos lange, im Grau des Regens eintönig wirkende Hallesche Straße dorthin schien kein Ende zu nehmen. Seit meinem letzten Besuch vor vielleicht sieben Jahren hat sich auf dem Klostergelände vieles verändert, neue Gebäude sind hinzugekommen, andere renoviert worden. Der Uferrand am Teich ist inzwischen kräftig bewachsen, im parkähnlichen Garten ein Labyrinth entstanden.

Auch Kloster Helfta steht, wie viele andere Bauwerke in dieser Region, in der Tradition romanischer Baukunst. Beispielhaft dafür ist die schlichte und ursprünglich gehaltene Krypta. Das 1258 in Helfta angesiedelte Kloster fühlte sich sowohl den Benediktinerinnen als auch den Zisterzienserinnen zugehörig. Bedeutung erhielt es vor allem durch die Mystikerinnen Mechthild von Hackeborn, Mechthild von Magdeburg und besonders durch Gertrud (die Große) von Helfta, die hier im 13. Jahrhundert wirkten. Dank dieser Frauen besaß Kloster Helfta eine hohe Ausstrahlungskraft als Zentrum der deutschen Frauenmystik und war berühmt als »Perle und Krone der deutschen Frauenklöster«. Nach Zeiten der Verwüstung und Säkularisierung wurde 1998 eine Revitalisierung eingeleitet. Aktuell knüpft es mit einem umfassenden Bildungs- und Exerzitienangebot an seine ursprüngliche Tradition an.

Auch der vierte Tag begann mit Regen, aber mit einem guten Frühstück und leckeren Backwaren in fast familiärer Atmosphäre im Gästeraum. Wieder einmal wurde ich gefragt, ob es nicht gefährlich sei, allein unterwegs zu sein. Meiner Meinung, dass vor allem besiedelte Räume und Menschen selbst Gefahren bergen, stimmten die anderen Gäste zu. Auf meiner Busfahrt nach *Querfurt* (ja, ja ich habe mich wieder erst einmal chauffieren lassen) begleitete mich weiterhin der Regen. Auch in Querfurt Regen, Regen – und Kälte. Daher kein Rundgang durch den Ort, sondern direkt weiter nach Freyburg bzw. in Richtung dorthin. Doch wie? Wegen des schaurigen Wetters und des Fehlens ausgewiesener Wanderwege zog ich es vor, nochmals Bus und Bahn zu benutzen. Leider zeigten die Fahrpläne zumeist Verbindungen nach Nebra (Himmelsscheibe!) an und kaum eine in Richtung Mücheln.

Nach einem Gespräch mit einem der Busfahrer entschloss ich mich zur Weiterfahrt nach Neba, um von dort mit dem Zug bis Freyburg zu fahren. Vorher aber wärmte ich mich mit einem heißen Kakao in einer Imbisshalle auf und nahm für unterwegs eine ansehnliche und preiswerte Portion Seehecht mit. Unterhielt mich noch kurz mit einer mir gegenüber sitzenden Frau aus der Gegend, die regelmäßig nach Frankfurt am Main zur Arbeit fuhr. Dabei kamen wir auch auf die Veränderungen zu sprechen. Nein, sie würde nicht in den Westen ziehen, hier wäre ihr soziales Umfeld.

Während der Busfahrt nach *Nebra* klarte der Himmel doch tatsächlich ein wenig auf. Wie hoffnungsvoll! Im Zug machte ich es mir gemütlich, aß den Fisch und fühlte mich rundum wohl: Es war trocken und warm, während draußen die herbstliche Landschaft vorüber zog. In *Freyburg* verließ ich den Zug, um von hier nach Naumburg zu wandern. Vorher schaute ich mir noch die Stadt ein wenig an, leider war die

Marienkirche über die Mittagszeit geschlossen. ›Rastete‹ kurz in einer Bibliothek (musste dringend die Toilette benutzen – manchmal ein Problem unterwegs). Mit der Bibliothekarin hatte ich zwar ein kurzes, aber trotzdem recht informatives Gespräch über andere, Freyburg passierende Jakobspilger. In der Touristen-Information beschrieb man mir die Wanderwege nach Naumburg. Einmal gibt es, analog zur alten Via Regia, einen Radwanderweg entlang der Weinberge, der andere folgt als Uferweg der Unstrut.

Ich entschied mich für den Weg entlang der Unstrut. Der anfänglich noch gepflasterte und später geschlackte Weg ging allmählich in einen Wiesenpfad über. Sehr feucht. Manchmal quatschte ich wie eine Ente dahin. Meine Schuhe waren bald nass, aber nur von außen. Die Temperatur war recht angenehm, ich konnte ohne Mütze und Handschuhe wandern. Begleitet wurde ich von der linkerhand dahinplätschernden Unstrut. In einiger Entfernung brauste rechts der Straßenverkehr vorbei, gelegentlich auch ein Zug. Fein, dachte ich mir, da wird auch wohl irgendwo vor Naumburg eine Bushaltestelle sein. Tatsächlich, auf der Höhe von Roßbach und noch vor der Unstrutmündung in die Saale erwischte ich nach kurzer Wartezeit einen Bus direkt nach Naumburg. Ein Glück, hatte ich doch kein Verlangen nach einer Wanderung auf asphaltierter und stark befahrener Straße – zudem waren meine Schuhe fast quatschnass.

    Laut Auskunft einer Mitarbeiterin der Naumburger Zimmervermittlung war die Stadt mit Touristen nahezu dicht. Nach einigen Bemühungen fand sie dann doch noch eine Unterkunft für mich. Da war ich erleichtert, denn ansonsten hätte ich nach einem kurzen Aufenthalt wohl weiterziehen müssen. Das wäre sehr schade gewesen. Denn auch *Naumburg* war seinerzeit für pilgernde Reisende eine wichtige Zwischenstation. Das zeigt einmal das im 11. Jahrhundert gegründete Benediktinerkloster, das älteste im Naumburger Raum. Weiter entstand im 12. Jahrhundert das Moritzkloster für Benediktinerinnen, das später Augustiner-Chorherren übernahmen. Und außerhalb der Stadt befand sich beim Jakobstor ein Heilig-Geist-Hospital. Nicht zu vergessen der berühmte Naumburger Dom.

    Für den Besuch dieser 1210 erbauten spätromanisch-gotischen St. Peter und Paul-Kirche war also noch genügend Zeit. Ein ›Muss‹ für jeden Besucher dieser Stadt. Leider kostete der Eintritt vier Euro, da kam bei mir keine Andacht auf. Überhaupt wirkte die ganze Anlage mit Kreuzgang usw. auf mich wie ein Museum und nicht wie ein Sakralbau. Im Inneren wurde fleißig gewerkelt. Besucher kamen und gingen. Trotzdem erschloss sich mir die spirituelle Schönheit dieser Kirche. Stattete dann noch der St. Wenzel-Kirche einen Besuch ab und versuchte, ein wenig in das urbane Leben Naumburgs einzutauchen.

Eigentlich sollte hier in Naumburg meine Pilgerfahrt zu Ende sein. Doch mein Gefühl sagte mir etwas anderes, noch war ich nicht ›angekommen‹. Für den nächsten Tag plante ich, auf dem Jakobsweg bzw. der Via Regia bis Bad Kösen zu wandern und dann mit dem Zug bis Erfurt zu fahren, wo die Ursulinen auf mich warteten. Vielleicht würde ich dort ›ankommen‹? Am Abfahrtsmorgen begutachtete ich den in Bahnhofsnähe beginnenden Wanderweg nach Kösen. Er war ausgesprochen feucht, zu feucht. Und da sich ein leichtes Bauchgrimmen bemerkbar machte, fuhr ich lieber die gesamte Strecke bis Erfurt mit der Bahn. Zudem benötigte mein Körper bei der nasskalten Witterung viel Energie, um warm zu bleiben. Vom Zug aus beobachtete ich dann den Verlauf des Weges und freute mich bei dessen Zustand über meine Entscheidung.

Während der Wartezeit in der Naumburger Bahnhofshalle kam es noch zu einem besonderen Erlebnis: Einem älteren, leicht gehbehinderten Mann fiel seine Geldbörse auf den Boden. Trotz meines Dahindösens gab ich mir einen Ruck, um beim Aufsammeln der Münzen zu helfen. Zunächst als Einzige. Dann kamen schnell weitere Helfende hinzu, irgendjemand muss wohl immer den Anfang machen. Das freundliche Lächeln des Betroffenen zeigte uns seinen Dank! Dieser kleine Vorgang war also wieder einmal ein Beispiel alltäglicher Caritas von Mensch zu Mensch, zum Nächsten.

Gegen Mittag kam ich dann voller Erwartung und Freude in *Erfurt* an und marschierte stracks zum Ursulinenkloster am Anger, einem großen, belebten Platz in der Innenstadt. Welch ein Kontrast! Draußen pulste das so genannte pralle Leben, drinnen klösterliche Ruhe. Wie schön, dass dieses Kloster mir für zwei Tage Heimat sein sollte! An der Pforte begrüßte mich herzlich Sr Agnes und zeigte mir mein Zimmer im Gästetrakt gegenüber der Klausur. Es war sehr geräumig mit Duschraum und einigen Küchenutensilien im Vorraum. Versorgen musste ich mich allerdings selbst.

Das Kloster der Ursulinen kann auf eine seit 1667 bestehende Präsenz in Erfurt zurückblicken. Ursprünglich war die Klosteranlage ein von Augustinermönchen und -nonnen geführtes Hospital, das ab 1200 dem Orden der Magdalenerinnen gehörte. Dieser gilt als ältester reiner Frauenorden der katholischen Kirche. Von den Magdalenerinnen übernahmen die Ursulinen u. a. Kostbarkeiten wie den sehenswerten Magdalenenteppich, das Dreikönigsrelief und die hölzerne Pietà aus dem 14. Jahrhundert. Es ist das einzige Kloster in Erfurt, das im 19. Jahrhundert nicht säkularisiert wurde. Ihr Grundanliegen sehen die heute hier lebenden dreizehn Nonnen in der Offenheit für Menschen in unterschiedlicher Weise, so in der Beachtung ihrer Würde. Den Besuchern möchten sie Lebenshilfe und Lebensfreude schenken. Das war bei meinen kurzen Gesprächen mit Sr Katharina und anderen Schwestern auch zu spüren. Inzwischen sind sogar wieder Magdalenerinnen in Erfurt aktiv.

Während der dreimal täglich stattfindenden Horen (Laudes, Mittagshore und Vesper) erhielt ich einen Platz mitten unter den Ordensschwestern. Das hat mich sehr berührt und dazugehörig fühlen lassen. Ein besonderes Erlebnis war zur Sonntagsvesper die Einladung zum Gebet vor der Pietà. Diese befindet sich inzwischen wegen der zu hohen Feuchtigkeit nicht mehr in der Kirche, sondern im Kloster selbst. Von Sr Katharina wurde ich ganz selbstverständlich in die Gruppe der anderen davor betenden Schwestern integriert. Das schuf Gemeinsamkeit, ich war nicht ausgeschlossen, war Teilhabende. Dafür Danke!

Den Nachmittag dieses ersten Tages, einem Samstag, verbrachte ich in der Stadt, besuchte einige Kirchen, sofern sie geöffnet waren. Beim Roten Turm in der Altstadt entdeckte ich ein Hinweisschild auf die früher hier vorbeiführende *Via Regia*. Hurra! jubelte es in mir. Konnte ich doch wieder einmal mnemotechnisch Vergangenes aufrufen und Ursprünglichem begegnen. Am Abend nahm ich mir aus der Zimmerbibliothek ein Buch über alle katholischen Kirchen in Erfurt vor. Sehr überrascht war ich über deren hohe Zahl. Tatsächlich besitzt Erfurt Bedeutung als ein Ort des frühen Christentums. So setzte hier bereits im vierten Jahrhundert die langsam fortschreitende Christianisierung ein, im neunten Jahrhundert konnte dank der Bemühungen von Bischof Bonifatius ein bleibendes Fundament entstehen. Mit seinen vierzig Sakralbauten war Erfurt im Mittelalter auch als deutsches Rom bekannt.

Wichtigster Kirchenbau ist der spätromanische Mariendom von 1154. Vorher befand sich hier auf dem Domberg eine 752 auf Veranlassung von Bonifatius errichtete Kirche. Die Entdeckung der Gräber von zwei seiner Gefährten löste im 12. Jahrhundert eine breite Wallfahrtsbewegung aus. So war Erfurt also nicht nur Transitort für Jakobspilger, sondern auch Ziel von Wallfahrten. Direkt neben dem Dom entstand im neunten Jahrhundert das Benediktinerinnenkloster St. Paul. Weitere im

Mittelalter erbaute Klosterkirchen waren die Allerheiligen-Kirche, die Crucis- oder Neuwerkkirche und das seit der Reformation protestantische Augustinerkloster, in dem Martin Luther als Mönch lebte.

Als einzige Kirche aus der Zeit der Romanik ist die dreischiffige Basilika St. Nikolai erhalten. Ihr zugeordnet wurde im 11. Jahrhundert ein dem hl. Jakobus d. Ä. geweihtes Kloster mit iro-schotttischen Mönchen. Daher ist die Basilika auch als so genannte Schottenkirche bekannt. In einer Nische befindet sich die Figur des Schutzheiligen mit Stab, Krug und Muscheln auf Umhang und Pilgerhut. Insgesamt waren in den elf Erfurter Klosterkirchen fünf Orden vertreten: Augustiner-Innen, BenediktinerInnen, Franziskaner, Magdalenerinnen, Ursulinen und Zisterzienser.

Für den Sonntagvormittag hatte ich mir die Teilnahme am Hochamt im Mariendom vorgenommen. Vorher suchte ich die daneben liegende Kirche St. Severi auf, wo gerade eine gut besuchte Messe zu Ende ging. Danach unternahm ich einen Rundgang durch den mächtigen Dom. Das »universelle« Hochamt (so der Priester) wurde im Hochchor des Doms in drei Sprachen gefeiert. Im Chorgestühl hatte der Johannes-Damaszener-Chor aus Essen Platz genommen, um den Gottesdienst mit altslawischen Liturgieliedern zu begleiten. Gesungen und gebetet wurde ansonsten auf Deutsch und Latein.

Diese Mischung hinterließ wohl bei allen Besuchern einen tiefen Eindruck. Hinzu kam der Blick auf die hoch aufragenden, farbintensiven Chorfenster. Neben mir bemerkte jemand: Jetzt muss nur noch die Sonne scheinen! Und tatsächlich, etwas später hüllten von Südosten hereinfallende Sonnenstrahlen den Chorraum in ein warmgoldenes Licht. Das brachte die Fenster noch mehr zum Leuchten. Tief in mir wuchs die Erkenntnis: Hier habe ich mein ganz persönliches Santiago de Compostela erreicht. Alpha und Omega dieser Reise – Egeln und Erfurt. War dankbar und froh, gerade diesen Weg gegangen zu sein, gut aufgehoben und begleitet.

Am Nachmittag durchwanderte ich nochmals die Stadt und auf der Via Regia hin zu der besonders für Pilgernde wichtigen Schottenkirche, um dort der Figur des hl. Jakobus meine Reverenz zu erweisen. Leider war die Kirche wegen Bauarbeiten geschlossen. Sehr, sehr schade. Nächste Station meines Erfurter Pilgerwegs war das alte Augustinerkloster, an dem noch fleißig restauriert wird. Auf meinem weiteren Weg konnte ich die Schönheit Erfurts so richtig genießen und auf mich wirken lassen. Sehr eindrucksvoll auch die Allerheiligenkirche mit ihrem schön gestalteten Kolumbarium.

Der oben beschriebene Besuch der Vesper mit der kurzen Andacht vor der Pietà stellte dann einen guten Abschluss dieser meiner kleinen Pilgerfahrt dar. Dafür empfinde ich noch immer Dankbarkeit und Freude. Nach zum Teil durchwachter Nacht verabschiedete ich mich am Morgen von den Schwestern Katharina und Agnes. Es kam noch zu einem kurzen intensiven Gespräch, und ich wurde herzlich eingeladen, wieder einmal in diesem Kloster Gast zu sein. Gerne!

An diesem Montag sollte es über Eisenach durch die thüringische Rhön wieder einmal nach Fulda gehen. Am Bahnhof traf ich noch zwei Nonnen aus dem Ursulinenkloster. Eine von ihnen, Sr Mathilde, fuhr für einige Tage in den Urlaub und zufällig mit dem gleichen Zug wie ich. So machten wir uns gemeinsam auf den Weg. Unterwegs erzählte sie ein wenig aus ihrem Leben und von ihrer Berufung, wies mich nachdrücklich und voller Stolz auf das Hotel beim Erfurter Bahnhof mit dem Gruß an Willy Brandt hin. Noch vor Eisenach verließ sie den Zug, wir wünschten uns gegenseitig eine gute Zeit.

Ich selbst fuhr dann von Eisenach über Bad Salzungen nach *Vacha*, wo ebenfalls ein Jakobsweg vorbeiführt. Früher befand sich hier ein Servitenkloster. Den Weg bis Fulda hoffte ich mir in Teilstücken erwandern zu können – sofern genügend Zeit blieb. Von Vacha wollte ich daher zunächst mit dem Bus bis Geisa fahren, um dann in Richtung Hünfeld zu laufen. Der Busfahrer riet mir allerdings, schon ab Buttlar quer durch die Landschaft zu wandern, da es ab Geisa keinen Wanderweg, sondern nur eine Verkehrsstraße ohne Seitenweg gab.

Also ließ ich Geisa mit dem Ortsteil Bremen und der dortigen Jakobskirche links liegen. Kurz hinter *Buttlar* traf ich auf andere Wandernde, die, ebenso wie ich, Schwierigkeiten mit der Wegfindung hatten. Wieder einmal war die Ausschilderung etwas irreführend. Dabei stellte ich fest, dass der Busfahrer sich mit den Entfernungen verschätzt hatte, tatsächlich war die Strecke nach Hünfeld wesentlich länger. So entschied ich mich für den Wanderweg in Richtung Rasdorf, dort wollte ich mich weiter orientieren. Es wurde ein gutes sinnerfülltes und kontemplatives Wandern bei schönem Wetter durch eine ruhig daliegende Landschaft. Der Weg führte mich zwar nicht direkt die Via Regia entlang, aber doch nahebei.

Von *Rasdorf* aus waren es noch 12 Straßenkilometer bis Hünfeld. Das war mir ein zu weiter und anstrengender Weg, zumal der Nachmittag schon weiter fortgeschritten war. In einem Tante-Emma-Laden versorgte ich mich mit Obst und Gebäck, das ich genussvoll bei der Bushaltestelle verzehrte. Eine Passantin empfahl mir dazu Kaffee für nur einen Euro irgendwo in einem Imbiss. Im gleichen Atemzug erzählte sie mir von ihrem so kranken Ehemann und dass sie aus Thüringen ›rüber gemacht‹ hätten. Nun fühlte sie sich so allein. Ich tröstete sie und versprach, sie in meine Gedanken aufzunehmen. Das beruhigte sie ein wenig. Habe so wieder einmal jemandem Freude geben können. Bald fuhr auch ein Bus nach Hünfeld, von dort wenige Minuten später ein Zug nach *Fulda*.

Während der Fahrt überwältigten mich Müdigkeit und Erschöpfung, konnte kaum meine Fahrkarte am Automaten lösen. Freute mich schon auf den Aufenthalt im Fuldaer Kloster, auf das stille Arbeiten im Garten und überhaupt auf die klösterliche Ruhe. Aber es kam anders. Tatsächlich verbrachte ich diesmal eher unruhige Tage im Kloster: lautes Zimmer, eine ziemlich anstrengende Gast-Genossin. Doch auf der Habenseite stand ein schöner und anregender Nachmittag um die Wasserkuppe herum mit Elfriede S. und Heiner M., zwei Bekannten aus der Fuldaer Kleingartenszene. Aber auch die wohltuenden Gespräche mit Sr Christa und Sr Ursula. So kann ich trotz des negativ Erlebten wieder einmal voll Freude und Dankbarkeit auf diesen Besuch zurückblicken. Bis zum nächsten Mal!

Nach dieser Fahrt dauerte es lange, bis ich wieder bei mir selbst war. Auch war mein Immunsystem etwas in Unordnung geraten. Fühlte mich irgendwie überfordert, vor allem erschöpft. Sehe aber oft den Pilgerweg von Egeln nach Hakeborn vor mir liegen, der sich in der Summe meiner Erfahrungen als ›Weg der Wege‹ darstellt: einsam, sich durch die Landschaft schlängelnd, den Elementen ausgesetzt, mit Schutz gebenden Bäumen. Fühle mich in Gedanken daran in Zeit und Raum unterwegs. Denke auch an die Menschen, mit denen ich kommunizierte. Überhaupt war diese Pilgerfahrt bestimmt von Wegen, Begegnungen, Gesprächen. Sehr wohltuend die freundliche Kommunikationsbereitschaft der mir Begegnenden. Auch wenn vielen das Pilgern nichts sagte, es eher befremdlich auf sie wirkte, der Jakobsweg eine unbekannte Größe war. In Fulda konnte ich wieder einmal erfahren, mit welcher Klarheit aus dem klösterlichen Leben heraus persönliche Probleme erkannt und beurteilt werden.

Konnte ich mich nun mit mir selbst versöhnen, meine mir eigene Realität annehmen, mit meinen Schwächen umgehen, bestimmte Fehlentscheidungen akzeptieren? Diese bei der Lektüre von Anselm Grüns Buch *Das kleine Buch vom wahren Glück* aufgegriffenen Gedanken beschäftigten mich während meines Unterwegsseins. Auch, das Dunkle in mir anzunehmen, was Grün in Beziehung setzt zu Demut bzw. Humilitas. Den Mut dazu haben. Hat mich diese Reise darin bestärken können? Das wird sich zeigen. Tatsächlich führte eine Fahrt mich zur nächsten, jede einen Schritt weiter. Bis hin zum Erlebnis im Erfurter Dom.

Damit hat sich ein Ganzes ergeben, fügten sich die Partikel zu einem Form gebenden Mosaik. Dank der auf dieser Pilgerreise gemachten Er›fahr‹ungen fühlte ich mich angekommen. Als Pilgerin selbst und am Ziel meines sich über ein Jahr erstreckenden Unterwegsseins. Das lässt mich immer wieder Momente tiefen Glücks erleben.

Abb. 6: *Alte Warte Hakeborn*

Was bleibt
Er›fahrene‹ Erkenntnisse

Im Unterwegssein tanzt meine Seele
Schritt für Schritt. Wohin?

DEMUT.STILLE.HINGABE.FREUDE.DANKBARKEIT.HARMONIE

Diese sinnstiftenden Worte sollten mich auf meinen Pilgerfahrten leiten. Indem ich mich auf den Weg machte, blieb der Alltag mit seinen Anforderungen und Zwängen hinter mir. Ich konnte mich auf das Wesentliche konzentrieren, meine Bedürfnisse reduzieren, mein Ich mit seinen Ansprüchen zurücklassen, demütig werden gegenüber dem, was mich umgeben und mir begegnen würde. Das machte mein Gehen leise, nicht fordernd. Dieses leise Gehen, die Konzentration auf die Schritte und den Weg erzeugten ein hohes Maß an Ruhe. Mit dem damit verbundenen Schweigen befand ich mich in einem Raum der Stille, des Besinnens. In diesem Raum war ich mit mir selbst konfrontiert und konnte den eigenen Rhythmus finden. Mich ganz dem Zustand des Pilgerns hingeben, auf die innere Kraft vertrauen. Damit wuchs auch die Freude in mir: am Gehen, am Alleinsein, am Aufgehobensein, am Leben selbst. Gleichzeitig empfand ich tiefe Dankbarkeit.

So erreichte ich einen Zustand der Harmonie, der Ordnung. Spürte diesen Zustand mit allen Sinnen. War im Einklang mit mir und Teil eines Ganzen, empfand Freiheit und Wohlgefühl und mich als ein Teil der Ordnung gebenden Kraft. In dieser Ordnung war ich nicht im Chaos unterwegs. Um mit den Navaho zu sprechen, ging ich den Weg in *hozho,* in ›Schönheit und Harmonie‹. Wer diese verliert, lebt nicht mehr in der Vollkommenheit, im Einklang mit sich selbst, in der Geborgenheit der Harmonie. Dieser Zustand entsteht auch in der Begegnung mit Anderen, in dem was ich tue und Gegebenes annehme. Und was ist mit den Glücksgefühlen? Die traten in reichlichem Maße auf! Einmal im alltäglichen Sinn des Gelingens, dann im philosophischen als Eudämonia, dem seelischen Wohlbefinden.

Das Pilgern selbst und die innere Einkehr führten zur Intensivierung der Wahrnehmung von positiven und negativen Erfahrungen. Das zeigte mir in besonderem Maße die Bewältigung meines kleinen Sturztraumas. Dadurch, dass ich mich immer wieder dem Pilgern mit seinen Herausforderungen stellte, konnte ich wichtige emotionale und mentale Erfahrungen auf mich wirken lassen. Die intensive Fokussierung auf den Sturz mit seinen Folgen mag vielleicht zu affektiv erscheinen. Tatsächlich aber besitzt dieser als Teil meiner Pilgerschaft einen herausragenden Stellenwert. Sowieso machten sich schon während der ersten Pilgerfahrt eine erhöhte Sensibilisierung und Überreizung bemerkbar, die mich weiterhin im Alltag begleiteten.

Als eine grundlegende Erkenntnis steht die Analogie der von mir gegangenen Pilgerwege mit meinem Lebensweg im Raum: krumm und gerade, voller Irrwege, Abweichungen, Eigenwilligkeiten, positiv und negativ, autonom. Nicht immer alles zu planen, vieles auf mich zukommen zu lassen, manchmal quer zu denken. Verbunden mit der Erkenntnis eines oft kontraproduktiven Rebellentums. Das hat mich in seiner Intensität ziemlich erschüttert, aber auch dazu gebracht, diesen meinen Weg zu akzeptieren und anzunehmen. Vor allem lernte ich (siehe Gertrud von Helfta): Nicht ständig auf das eigene Versagen zu schauen, sondern auf das allumfassende Göttliche vertrauen.

Brauche ich beim Wandern feste Regeln und Vorgaben? Macht es Sinn, sich auf der Pilgerschaft von bestimmten Texten leiten zu lassen, sie zu absorbieren? Oder ist es besser, sich von seinen Gedanken treiben zu lassen, sich allein diesen anzuvertrauen? Oder soll die Leere des Zen in mir wachsen bis hin zur Loslösung belastender Gedanken? Befreit das Gehen von dem, was einen negativ bewegt? Tatsächlich kann es zu einer starken Konfrontation mit dem eigenen Selbst kommen, was sich nicht so einfach ›weg‹gehen lässt. Einige Antworten auf diese Fragen fand ich in Anselm Grüns Buch *Auf dem Wege*. Mit neuen Fragen.

Nach der ersten Pilgerfahrt stellte ich fest, dass sich beim kontemplativen Gehen das Verschüttete, das Unbewusste neu zur Disposition stellte – positiv und negativ. Dadurch konnte ich einen erneuten Aufbruch wagen, mich für Neues öffnen, mein Leben verändernde Entscheidungen treffen. Was mir einerseits Freude und Glück, andererseits Traurigkeit und Schmerz brachte. Und die Erkenntnis, seit Jahrzehnten emotional nicht mehr so aufgewühlt zu sein. Das Pilgern hat also vielfache Emotionen freigesetzt. Freundin Rosemarie meinte dazu: fast zuviel.

So war ich nach der dritten Pilgerfahrt quer durch Deutschland infolge meines Sturzes einem Prozess ausgesetzt, der längst verarbeitet Geglaubtes aktivierte. Auf meiner cerebralen Festplatte tauchten nicht nur angenehme Erinnerungsfetzen auf. Erneut wurden mir Zusammenhänge klar, die meine Entscheidungen so oft negativ beeinflusst hatten. Das lastete schwer auf mir. Besonders die Erkenntnis, doch nicht am Ziel angekommen zu sein, traf mich wie ein Hammer und ließ mich mental abstürzen. In der Folge spaltete sich die Erinnerung an meine Pilgerreisen in ein Vorher und ein Nachher. Dadurch aber, dass ich mich mit allem auseinandersetzte, gewann ich allmählich Kraft und Stärke zurück.

Nach der Eifel-Tour stellte sich mir die Frage, kann ich überhaupt noch auf meine Intuition, auf meine innere Stimme vertrauen? So stellte ich erneut alles zur Disposition, nicht nur mich selbst und mein Pilgern. Ordnete ich doch zunächst meinen ›Absturz‹ als Ergebnis meines Ganges durch das Labyrinth in Münsterschwarzach ein. Es wurde etwas in Bewegung gesetzt, was mich nahezu in meinen Grundfesten erschütterte. Neben Niedergeschlagenheit und Traurigkeit traten massiv Gefühle der Ausgrenzung und Abweisung auf.

Wie mir dann in der Vorbereitung auf die Pilgerreise nach Damme bewusst wurde, habe ich tatsächlich zu wenig die Ratio beachtet, mich zu sehr von Gefühlen leiten lassen. Diese Erkenntnis relativierte dann besonders nach der Rückkehr viel negativ Empfundenes: meine angebliche Unzulänglichkeit und Inkompatibilität, die von mir vermutete Ausgrenzung und Vertreibung aus dem ›Paradies‹. Ich fand wieder Zugang zu der mich umgebenden geistig-göttlichen Kraft, mein Selbstvertrauen verbesserte sich, die starken Zweifel konnten gebändigt werden. Besonders die kurze Wanderung am Nordharz entlang hinterließ heilsame Eindrücke und endlich wieder tiefe Freude. Diese wieder gewonnene Kraft trägt mich bis heute, trotz immer wiederkehrender Zweifel. Zudem erkannte ich, dass jede Pilgerreise sich aus der vorhergehenden entwickelt, mein spirituelles Spektrum sich immer mehr erweitert hatte.

Tatächlich musste ich mich auf jeder Pilgerfahrt wieder und wieder Begrenzungen aussetzen, Einschränkungen und Unvorhersehbares annehmen, Verschüttetes wurde wieder aufgerissen. Oft dachte ich, das ist schwer zu ertragen, muss mich davor schützen. Viel Stärke erhielt ich auch dadurch, dass ich ohne zivilisatorischen Ballast (Handy, Fotoapparat) unterwegs war, auf mich selbst und göttliche Kraft vertrauend. Deutlich bewusst wurde mir beim Gehen auf tradierten Jakobswegen die Komplexität des in Jahrhunderten geschaffenen Netzwerks von Straßen, Klöstern, Pilgerwegen, spirituellen Orten. Was ebenfalls Kraft vermittelte. Unterstützend waren die vielen Momente der Ruhe.

DAS SICH BE›WEG‹EN
ist ein grundlegendes Element des Pilgerns in Verbindung zu kontemplativ-spirituellen Erfahrungen. Äußerlich und innerlich tut sich etwas und ergibt zusammen einen aufrechten Gang, eine straffere Körperhaltung. Physische und psychische Spannungen werden abgebaut, der Geist wird klar und löst sich von belastenden Zwängen,

Endorphine durchwirbeln den Körper. Bereits während meiner früheren Tramptouren konnte ich Derartiges wahrnehmen und mein Leben in befreiter Form gestalten. Diese Erfahrung wiederholte sich beim Pilgern. Mir wurde bewusst, wie sehr mir diese Form des Unterwegsseins, die mobile Spiritualität, gefehlt hat, nicht nur das Ausleben meines Wandertriebs.

Woran denkt man, wenn man pilgernd unterwegs ist? Kommt nicht manchmal das Gefühl auf, ziellos unterwegs zu sein, sich zu verlieren in Raum und Zeit? Tatsächlich! Da ich als Einzelwanderin auf mich allein gestellt war, fühlte ich mitunter eine einsame Freiheit. Doch das Alleinsein, die vermeintliche Einsamkeit schärft den Blick, die Sinne, die Konzentration auf das Wesentliche. In Gesprächen über das Pilgern und Wandern tauchte immer wieder die Frage nach Unterschieden in der Wahrnehmung auf. Tatsächlich machte ich die Erfahrung, dass beim Pilgern sich unbewusst die Sinne öffnen. So als ob ein Hebel umgestellt, ein entsprechendes cerebrales Programm aktiviert wird. Erstaunlich. In der Konzentration auf das Eigentliche bewegten sich meine Gedanken in spiralförmigen Kreisen, von meinem Ich weg und wieder zurück, wanderten hierhin und dorthin. Öffneten sich. Griffen in einem inneren Diskurs das auf, was mich mental beschäftigte: Versöhnung, Gerechtigkeit, Strafe und Buße, Schuld und Vergebung.

Beim stetigen Gehen kam ich immer wieder in einen Zustand, der mich ganz zenmäßig voranbrachte. Stille und Leere umgaben mich, ohne den Bezug zur Realität zu verlieren. Nach buddhistischer Auffassung steht das auch für die unnachgiebige Kraft, die den Menschen dazu bringt, in die richtige Richtung zu gehen. Das hat einen ungeheuren Befreiungseffekt. Aber hält das Erfahrene auch noch im Alltag an? Stehen sich doch konstruktive und destruktive Kräfte diametral gegenüber, muss eine Balance hergestellt werden. Tatsächlich konnte ich in prekären Situationen auf meine erlaufenen Erkenntnisse zurückgreifen. Konnte die gewachsene Sinnhaftigkeit einbringen und weitervermitteln.

Hinsichtlich der Kürze meiner Pilgertouren mag es den Einwand geben: Bringt das überhaupt etwas? Frage: Muss es etwas bringen? Würde das nicht in die falsche Richtung weisen, hin zu Leistung und Ergebnisorientierung? Entscheidend ist doch immer die eigene persönliche Intention und die Bereitschaft, Strapazen auf sich zu nehmen, sich z. B. in einem franziskanischen Modus zu bewegen. Dabei hat besonders das Pilgerwandern in Verbindung mit Aufenthalten in Klöstern eine wohltuende Mischung, ein harmonisches Ganzes ergeben. Und während bei den ersten

Fahrten mein Leben, mein Ich noch im Vordergrund standen, veränderte sich dies bei den nachfolgenden: Ich war fähig, mir verbundene Menschen einzubeziehen und mitzunehmen.

Auch wenn die Pilgerziele sich während einer Reise stark voneinander unterscheiden, gibt es ein Gleichmaß der Be›weg‹ung. Allerdings habe ich nicht immer die gewünschte Intensität erreichen können. Also doch besser, sich nur einem Ziel zuzuwenden? Für mich waren beide Optionen wichtig, forderte jede mich doch auf eine bestimmte Weise heraus. So habe ich ein wenig herumexperimentiert, Wege und Ziele zur Diskussion gestellt. Was den Horizont erweitern half. Tatsächlich gebe ich aber dem gemächlichen Bewegen den Vorzug. Immer wieder gleiten Bilder durchwanderter Landschaften mit ihren Sinneseindrücken in der Erinnerung vorbei. Das schafft Glücksmomente und wirkt befreiend. Dann spüre ich, um mit Olivier Messiaen zu sprechen, die »Umarmung des Unsichtbaren«.

WAS TREIBT MICH NOCH UM?
Das wird sich zeigen. Für mich belastend waren neben dem Sturz: das Labyrinth, der steile Weg, die dunkle Gestalt. Letztere bedrängt mich noch immer und harrt der Bewältigung. Unterm Strich sieht die Bilanz so aus: Auf der einen Seite Dankbarkeit, Freude, Glücksempfinden, Klarheit, Bewusstsein der göttlichen Kraft in mir. Auf der anderen Seite verstärkte Dünnhäutigkeit und Angespanntheit, Verletztheit und Enttäuschung, Schmerz und Trauer, dazu ein merkwürdiges Getriebensein. Muss ich also in Zukunft achtsamer die Pilgerschaft angehen? Dennoch hatte ich oft das Gefühl, in das Licht hineinzugehen. Immer, wenn ich meine Gedanken bis zur ersten Pilgerfahrt zurücklaufen lasse, ist mir, als hätte ich ein ganzes Universum durchschritten. Das möchte ich nicht missen.

Fazit: Der erste Kreis meiner Pilgerspirale (2008-2009) ist vollendet. Ich habe durch mein schuldhaftes Verhalten angestaute Gefühle ablaufen und mich mit mir selbst versöhnen können. Es locken andere Jakobswege, so die Via Baltica und die Via Jutlandia. Natürlich auch viele kleine Abschnitte des europaweiten Jakobus-Wegenetzes.

Frühjahr 2010

Epilog

Was gilt noch?

*Wo haben die Tage deines Lebens
ihre Farbe verloren?*

Jóhan Jónsson

Inzwischen

sind mir ganz anders gelagerte Zusammenhänge bewusst geworden. Bisher war ich der Meinung, recht unbelastet losgepilgert und, in Anlehnung an Meister Eckhardt, von Engeln statt von Dämonen umgeben zu sein. Doch infolge bestimmter, die Kirche betreffender Ereignisse wurde mir mit Beenden einer sehr langen Amnesiephase klar, was mich tatsächlich zur Pilgerfahrt bewegt hatte: Der unbewusste Wunsch nach Aufarbeitung und Heilung eines über fünf Jahrzehnte verschütteten und mich nachhaltig beschädigenden Missbrauchsvorfalls. Gab es Hinweise? Ja: die dunkle Gestalt meiner Alpträume, der nach einer Pilgerreise an mir vorbei ziehende dunkle Schatten, häufige Schlafstörungen, ein merkwürdiges Gefühl des Getriebenseins, Schuldgefühle, kurzum alles was zu dieser Art von Traumatisierung dazugehört. Auch der Sturz erhält nunmehr eine andere Bedeutung: Halt! Keinen Schritt weiter!

Dank der Pilgerfahrten konnte ich mich wohl mit mir selbst versöhnen – geht das aber auch mit der Institution Kirche, die nicht nur mir Selbstwert und Würde, das Vertrauende genommen hat? Kaum. Muss doch zuallererst sie sich um Wiedergutmachung und Aussöhnung bemühen, steht sie in der Bringschuld. Ist die Amts- und Pastoralkirche dazu überhaupt fähig und willens? Wo bleibt die ausgleichende Gerechtigkeit? Heute weiß ich, nie hätte ich mich der Kirche wieder annähern dürfen. Bin ich doch in ihr dem Bösen begegnet. Und, wie Bernard-Henry Lévy feststellt,

ist das Böse das Böse
und nicht bloß ein Schatten des Guten.

Daher sind kirchliche Räume inzwischen absolute No-go-Areas. Trotzdem gehört mein Dank dem Jesuitenpater Klaus Mertes für sein beispielhaftes Handeln.

Besitzen die erwanderten Erkenntnisse überhaupt noch Gültigkeit? Wohl kaum, ergibt doch mein Pilgern inzwischen einen ganz anderen Sinn. Zwar erhielt ich etwas von meiner verlorenen Authentizität zurück, wurde aber immer wieder mit meinem so oft dissoziativ verlaufenen Lebensweg konfrontiert. Vieles ist nunmehr zur Disposition zu stellen, die scherbenhaften Bausteine meines Lebens muss ich neu bewerten, die einzelnen Ich-Zustände sortieren, überhaupt mich zurechtfinden. Was schwierig ist und viel Kraft kostet. Ist meine so sehr verletzte Seele doch nicht umsorgt und getröstet worden, wurde mir nicht die sogenannte Mitleidsfrage gestellt. All die Jahre konnte ich nicht in meinem eigentlichen Leben sein. Analog zu Theodor Adorno habe ich trotz allem versucht, ein richtiges Leben im falschen zu führen. Und statt der vermeintlichen ›Freiheit des Adlers‹: gebrochene Flügel. Das schmerzt nahezu unerträglich. Trotz alledem bin ich aber erleichtert, habe ich doch fast immer nur mich als Schuldige wahrgenommen. Konnte nicht die mir gegenüber bestehende, weitaus größere erkennen. Nicht ich habe versagt in meiner vermeintlichen Ungleichwertigkeit! Und in Anlehnung an den isländischen Dichter Jón Jónsson kann ich endlich erkennen, wann und wo die Tage meines Lebens ihre Farbe verloren haben.

WAS BLEIBT NUN WIRKLICH?
Erinnerungen an kontemplative Momente, an Augenblicke des Glücks und der Freude, an durchquerte Landschaften und an kommunikativ so wichtige und wertvolle Begegnungen. Doch das liegt weit zurück. Nunmehr frage ich mich, wer war ich denn beim Pilgern, war ich wirklich bei mir selbst? Eher unterwegs auf einem Irrweg. Bin dem zunehmenden Druck ausgewichen – die Zeit für eine Aufarbeitung des mir zugefügten sexuellen Missbrauchs war noch nicht gekommen. Daher auch die gefühlte Unruhe unterwegs und der Sturz als von mir nicht erkennen wollende Warnung. Das Warum konnte sich mir erst später erschließen, dann allerdings mit ungeheurer Wucht. Und was ist mit der beim Gehen erfahrenen Harmonie?

Kann ich trotzdem noch als Pilgerin unterwegs sein, wenn auch mit anderen Intentionen? Inzwischen bin ich einige Abschnitte des Baltisch-Westfälischen Jakobsweges mit seiner backsteingotischen Sakralarchitektur gegangen – aber nichts war mehr so wie einmal gehabt. Zwar konnte ich in den letzten Jahren dank therapeutischer Hilfe vieles bewältigen und aufarbeiten, mich befreiter fühlen. Es bleibt der Schmerz der verletzten Seele, die Verzweiflung, die so sehr belastende Traurigkeit. Dagegen hilft kein Pilgern, es gibt auch keine Heilung. Immerhin kann ich sagen: Mit mir selbst bin ich zufrieden, aber nicht mit meinem Leben.

Sommer 2016

Quellen

Abbildungsnachweise

Frontispiz: Grafik Robert Dünzelmann. © Anne E Dünzelmann
1 – wikipedia.commons. Foto: Malula.Cc-by-sa-3.0 (2005)
2 – © Anne E Dünzelmann
3 – wikipedia.org. Foto: Bernd Haynold. Cc-by-sa-3.0 (2007)
4 – wikipedia.org. Foto: Kateer. Cc-by-sa-3.0 (2007)
5 – wikimedia.commons. Foto: Kreuzschnabel. Cc-by-sa-3.0
6 – wikipedia.org. Foto: Meleagros. Cc-by-sa-3.0 (2009)

Literatur

(Auswahl)

CHAUCER, Geoffrey; Canterbury Geschichten. Frankfurt am Main/Hamburg 1961.
DÜNZELMANN, Anne E.; Vom Gaste, den Joden und den Fremden. Hamburg 2001.
GRÜN, Anselm; Auf dem Wege. Münsterschwarzach 1983.
HERBERS, Klaus u. a.; Pilgerwege im Mittelalter. Darmstadt 2005.
HEYNE, Bodo; Von den Hansestädten nach Santiago. In: Bremisches Jahrbuch 52, 1972.
JÄGER, Willigis; Die Welle ist das Meer. Mystische Spiritualität. Freiburg 2002.
LUDECUS, Matthaeus; Historia. Von der erfindung/Wunderwercken und zerstörung des vermeinten heiligen Bluts zur Wilsnagk. In Buchholz/Gralow; Zur Geschichte der Wilsnacker Wallfahrt unter besonderer Berücksichtigung der Pilgerzeichen. Bad Wilsnack 1992.
OHLER, Norbert; Reisen im Mittelalter. München 1986.
SCHUBERT, Ernst; Fahrendes Volk im Mittelalter. Darmstadt 1995.
SENNETT, Richard; Civitas. Die Großstadt und die Kultur des Unterschieds.